ein Ullstein Buch

D1703873

Martin Walser

Beschreibung einer Form

Versuch über Franz Kafka

ein Ullstein Buch

Ullstein Buch Nr. 2878
im Verlag Ullstein GmbH,
Frankfurt/M — Berlin — Wien

Umschlagentwurf: Kurt Weidemann
Alle Rechte vorbehalten
Lizenzausgabe des
Carl Hanser Verlag, München
© 1961 Carl Hanser Verlag, München
Printed in Germany 1972
Gesamtherstellung:
Augsburger Druck- und
Verlagshaus GmbH
ISBN 3 548 028780

ZUR EINFÜHRUNG

Martin Walser untersucht das, was Franz Kafka »Schreiben« nannte. Er deutet eine Auffassung von Literatur, die die Wirklichkeit schon *vor* dem Werk sich verwandeln heißt, die die bürgerliche Person des Dichters reduziert und zerstört und die »die Persönlichkeit des Schreibenden« zum Ziel hat. Die Person Kafka gibt das Wort an den »Schreiber« Kafka ab. Wie geschieht das? Welche Konsequenzen hat das für das Erzählen? Ergibt sich dabei eine Kongruenz des Autors mit seinem Helden? Wie behauptet sich der Erzähler, unbewußt oder programmatisch, auf seinem perspektivischen Standpunkt? Durch welche Lücken schleicht sich das Komische ein? In welchem Verhältnis stehen in Kafkas Romanen Erzählzeit und erzählte Zeit? Wie erreicht es die Erzählkunst Kafkas, sich außerhalb des gewohnten Zeitbezuges zu stellen? Auf welche Art helfen Parallelfiguren, Kollektive, Begleiter, Frauen, Feinde, die Gegenwelt und ihre Vertreter mit, Kafkas Form zu realisieren?

Der Verdinglichung, den Verhandlungen und Verhören, den Diskussionen, Untersuchungen, Unternehmungen der Schattenhelden Kafkas widmet Walser aufschlußreiche Abschnitte, auch der Rolle des Zuschauers, der Schwäche des Gesprächspartners, all dem, was in Rhythmus und Unendlichkeit des Vorganges hinüberführt.

In Einzelanalysen von »Amerika«, »Der Prozeß«, »Das Schloß« werden diese Untersuchungen erprobt. In der Erörterung des Gattungsbegriffs »Roman oder Epos« wird die Beschreibung einer Form befestigt. Kafkas Welt wird als Totalität, als eine Auseinandersetzung von Ordnungen erkannt. »Der entscheidende Augenblick in der menschlichen Entwicklung ist immerwährend.«

Martin Walser hat den Bestand an Auffallendem, Wiederkehrendem, Typischem in den Romanen Franz Kafkas registriert und beleuchtet. Er hat den Beobachter Kafka mit angemessenen Mitteln beschrieben: ebenfalls als Beobachter. So gelang ihm, was manchen Interpreten Kafkas mißlang. Er schob nicht zwischen Leser und Werk eine vergröbernde Konstruktion. Er macht dem Leser begreiflicher, was ihm in den Büchern Kafkas begegnet, ohne es zu entschärfen oder dichtungsfremd zu erklären.

Walter Höllerer

INHALT

I. Der Dichter und die Dichtung

Je vollkommener die Dichtung ist, desto weniger verweist sie auf den Dichter. Bei der nicht vollkommenen Dichtung ist der Dichter zum Verständnis nötig; dann ist das Werk nicht unabhängig geworden von der Biographie des Dichters. Leben und Werk bedürfen der Vergleichung, weil das eine auf das andere verweist.

Franz Kafka ist ein Dichter, der seine Erfahrung so vollkommen bewältigt hat, daß der Rückgriff auf das Biographische überflüssig ist. Er hat die Verwandlung der Wirklichkeit schon vor dem Werk vollzogen, indem er seine bürgerlich-biographische Persönlichkeit reduziert, ja zerstört, um einer Ausbildung willen, die die Persönlichkeit als Dichter zum Ziel hat; diese dichterische Persönlichkeit, die »poetica personalità« [1] fundiert die Form. Ihre Ausbildung gilt es kurz zu umreißen.

Es scheint bei der Vielzahl der theologischen, soziologischen, psychologischen und der vielen anderen dichtungsfremden Kommentare, die Franz Kafkas Werk hervorgerufen hat, fragwürdig, ob er überhaupt ein Dichter ist. Die Kommentatoren, und an ihrer Spitze Kafkas Freund Max Brod, haben sich immer wieder auf die Briefe und Tagebücher Kafkas berufen, um hieraus seine philosophische, theologische . . . Relevanz zu beweisen. Wir versuchen, soweit als möglich seine Bekenntnisse zu dem, was er »Schreiben« nennt, wörtlich zu zitieren, um damit die fast planvolle Ausbildung Kafkas als Dichter deutlich zu machen.

»Gott will nicht, daß ich schreibe, ich aber muß« [2], schreibt schon der Zwanzigjährige an seinen Freund Oskar Pollack. »Da ich nichts anderes bin als Literatur und nichts anderes sein kann und will . . .« [3], heißt es im Tagebuch. Er bezeichnet die Literatur als seinen »einzigen Beruf« [4]. In einem anderen Brief an den Freund Robert Klopstock heißt es: »Ich habe inzwischen, nachdem ich durch Wahnsinnszeiten gepeitscht worden bin, zu schreiben angefangen und dieses Schreiben ist mir in einer für jeden Menschen um mich grausamsten . . . Weise das Wichtigste auf Erden, wie etwa einem Irrsinnigen sein Wahn . . . oder wie einer Frau ihre Schwangerschaft« [5]. Rudolf Steiner gesteht er in einem Gespräch: »Mein Glück, meine Fähigkeiten und jede Möglichkeit, irgendwie zu nützen, liegen seit jeher im Literarischen« [6]. Im Tagebuch: »Alles, was nicht Literatur ist, langweilt mich und ich hasse es, denn es stört mich . . .« [7]. Eines der schönsten

Bekenntnisse Kafkas zu seinem wahren Beruf: »Die ungeheure Welt, die ich im Kopfe habe. Aber wie mich befreien und sie befreien, ohne zu zerreißen. Und tausendmal lieber zerreißen als sie in mir zurückhalten oder begraben. Dazu bin ich ja hier, das ist mir ganz klar« [8]. (Weitere Belege siehe Anm. 9)

Es läßt sich nicht exakt bestimmen, welchen Anteil an der Bildung der poetischen Persönlichkeit der Wille, welchen Anteil die Anlage, der Zufall und die Erfahrung haben [10]. Es kann aber gezeigt werden, daß Franz Kafka mit großer Teilnahme des Bewußtseins, des Willens an der Vervollkommnung dieser poetischen Persönlichkeit gearbeitet hat.

Wir sahen, welche Bedeutung Kafka selbst dem »Schreiben« in seinem Dasein zuerkannte. Er sucht sein bürgerliches Dasein so zu gestalten, daß das »Schreiben« geschützt ist, er hält es »in zitternder Angst vor jeder Störung umfangen und nicht nur das Schreiben, sondern auch das dazugehörige Alleinsein« [11]. »Für Familienleben fehlt mir daher jeder Sinn, außer dem des *Beobachters* im besten Fall« [12]. Er hat kein »Verwandtengefühl«, in Besuchen sieht er eine »förmlich gegen« ihn »gerichtete Bosheit« [13].

Aus diesem Zwang, »Beobachter« sein und allein sein zu müssen, resultiert notwendig eine immer größere Einschränkung seines Daseins, so »grausam« [14] das auch für ihn selbst und für seine Umwelt ist. Beruf [15], Familie und Umwelt werden aus diesem sich immer mehr verengenden Kreis ausgeschlossen. Kafka erkennt das Notwendige, das Unabdingbare in dieser Entwicklung ganz klar: »Dahinter, daß ich nichts Nützliches gelernt habe und mich — was damit zusammenhängt — auch körperlich verfallen ließ, kann eine Absicht liegen. Ich wollte unabgelenkt bleiben, unabgelenkt durch die Lebensfreude eines nützlichen und gesunden Mannes« [16]. Er sieht in der »systematischen Zerstörung« seiner »selbst im Laufe der Jahre ... eine Aktion voll Absicht« [17]. Das Opfer — es ist nicht anders zu bezeichnen — ist ein Opfer, das er um der Ausbildung der poetischen Persönlichkeit willen bringt; er bringt es in vollem Bewußtsein, ohne dafür in seiner Umwelt, zu seiner Zeit Verständnis zu finden: »Wer bestätigt mir die Wahrheit oder Wahrscheinlichkeit dessen, daß ich nur infolge meiner literarischen Bestimmung sonst so interesselos und infolgedessen herzlos bin« [18]. Es ist ein Opfer in vollem Bewußtsein, aber nicht aus voller Freiheit; es ist für Kafka notwendig.

Diese Einschränkung seiner Existenz, um die Störung auszuschalten, das Alleinsein zu sichern, den Standpunkt für die »Beobachtung« zu schaffen, ist die erste Operation, die zur »Selbstrealisation« [19] führt.

Kafka hat diese notwendige Einschränkungsbewegung selbst erkannt: »Zwei Aufgaben des *Lebensanfangs:* deinen Kreis immer mehr einschränken und immer wieder nachprüfen, ob du dich nicht irgendwo außerhalb deines Kreises versteckt hältst« [20]. Oder: »Man muß sich auf das beschränken, was man unbedingt beherrscht« [21]. Oder: »Der begrenzte Kreis ist rein« [22].

Diese Einschränkung der bürgerlichen Existenz geht so weit, daß für ihn alles zur »Phantasie« wird: »die Familie, das Bureau, die Freunde, die Straße, alles Phantasie ... die nächste Wahrheit aber ist nur der Kopf an der Zellenwand ...« [23]. Das ist gewissermaßen der ideale Standpunkt für die »Beobachtung«.

Die Reduktion der bürgerlichen Persönlichkeit ist nun gleichzeitig der Aufbau der poetischen: das Tagebuch ist der Ort, an dem er sich darüber Rechenschaft gibt, um die »*Organisation* eines solchen Lebens« [24] zu erkennen. Das unaufhaltsame Reduzieren der bürgerlichen Persönlichkeit wird notwendig, weil der Dichter das Leben nicht mehr anders zu bewältigen vermag. Diese Situation aber ermöglicht die Dichtung: »Derjenige, der mit dem Leben nicht lebendig fertig wird, braucht die eine Hand, um die Verzweiflung über sein Schicksal ein wenig abzuwehren ..., mit der anderen Hand aber kann er *eintragen,* was er unter den Trümmern sieht, denn er sieht anderes und mehr als die anderen, er ist doch tot zu Lebzeiten und der eigentlich Überlebende ...« [25]. Kafka muß die Balance halten zwischen »Irrsinn« und »Aufstieg« [26], um diesem verzweifelten Spiel durch »Systematik Wirklichkeit« [27] und Dauer zu verleihen. Er muß lernen, den »Schmerz zu objektivieren« [28], er muß so weit kommen, »darüber einfach oder antithetisch oder mit ganzen Orchestern von Assoziation phantasieren« [29] zu können. Er erkennt, daß dadurch der »Schmerz« nicht gestillt wird; es »ist einfach gnadenweiser Überschuß der Kräfte« [30]; so wird aus der »menschlichen Schwäche« für die Dichtung »eine riesenhafte Kraft« [31].

Nun ist die gewissermaßen »ästhetische Bereitschaft erst der Grund des Zerfalls der natürlichen Wirklichkeit, aber noch nicht der Grund der ästhetischen Objektsetzung« [32]. So ist auch bei Kafka die Reduktion nur ein Teil der Bewegung; sie endet in der Balance zwischen »Irrsinn« und »Aufstieg«. Als zweite Bewegung läuft dieser ersten parallel eine Ausweitung des eingeschränkten Standpunktes nach innen: das heißt, die Erschließung des jeweiligen Reduktionsstadiums für die Dichtung. Also eine wachsende Vervollkommnung des Schreibens, der poetischen Persönlichkeit, mit der fortschreitenden Reduktion der bürgerlichen Persönlichkeit. Kafka will im Zuge dieser Ausbildung »jedes Wort ganz mit sich erfüllen« [33]. Er ist nur zufrieden, wenn es ihm gelingt, den »Fuß vom Erlebnis« [34] zu lösen. Er erzieht sich zum »regelmäßigen Schreiben« [35], hält sich »gegen alle Unruhe« an seinem »Roman« fest [36]. Die »ungeheure Welt«, die er »im Kopf« hat, auf das Papier zu bringen, ohne daß dabei die »Fülle« verlorengeht [37], das will er erreichen. Er sieht ein, daß man sich »nicht zum Gebären zwingen kann, wohl aber zum Erziehen der Kinder« [38]. Das ist Pflege einer immer mehr zur Autonomie erwachsenden poetischen Persönlichkeit; dieser Persönlichkeit — sie ist die eigentliche forma formans — ist als Ziel gesetzt, zu erkennen: »Wie alles gesagt werden kann, wie für alle, für die fremdesten Einfälle ein großes Feuer bereitet ist, in dem sie vergehn und auferstehn« [39]. Das heißt, die Verwandlungskraft muß so groß werden, daß auch die »fremdesten Einfälle« ganz zu eigenen werden können, dadurch, daß sie von dieser forma formans ergriffen werden. Kafka hat diese Vervollkommnung erreicht, er konnte sagen: »Wenn ich wahllos einen Satz hinschreibe, z. B. ›Er schaute aus dem Fenster‹, so ist er schon vollkommen« [40]. Er führte das selbst »auf die besondere Art« seiner »Inspiration« zurück [41]. Es war nichts anderes, als das Ergebnis der Ausbildung eines autonomen Formvermögens, das sich in ihm zu einem System vervollkommnet hatte. Balzac drückt das so aus: »Il ne suffit pas d'être un homme, il faut être un système« [42]. In diesem System erhält alles seine vollkommene Bedeutung; mit ihm wird der Bereich des Sagbaren erweitert. Durch dieses System wird die Intuition fundiert, denn auch »die intuitive Darstellung beruht auf systematischem Denken und Anschauen« [43] (Novalis). Dieses systematische Denken und Anschauen hat Kafka in seinen Tagebüchern und in seinen Briefen mit größtem Ernst regelrecht geübt. Diese Ausbildung im Schreiben ergänzt die erste Bewegung, die zur poetischen Persönlichkeit führen soll, die entdeckende und entwerfende Reduktion der bürgerlichen Persönlichkeit. Diese zweiseitige Ausbildung eines autonomen Formvermögens führt letztlich zur »Erfindung der Erfindungskunst«; Novalis drückt das so aus: »Hätten wir auch eine Phantastik wie eine Logik, so wäre die Erfindungskunst erfunden...« [44]. Die von Kafka ausgebildete »Phantastik« ermöglicht ihm eine Konsequenz seiner »Erfindungen«, die ohne Beispiel ist, die sich rückwirkend sogar in sein bürgerliches Leben drängt. Oskar Baum, ein Freund Kafkas, bemerkt bei ihm eine »Einordnung jeder willkürlichen Bewegung, jedes alltäglichen Wortes in seine ganz persönliche Weltauffassung ...« [45] und beschreibt damit beide Seiten dieser Entwicklung.

Diese hier angedeutete Doppelbewegung, Reduktion und Vervollkommnung, ist keine zeitlich kontinuierliche Entwicklung. Die Balance zwischen den aufgezeigten Extremen ist nicht immer gleich gut zu bewahren; insbesondere in den späteren Lebensjahren macht sich eine Verschiebung zugunsten der poetischen Persönlichkeit bemerkbar. Dabei zeigt es sich aber, daß ohne den Ausgleich zwischen beiden Kräften, die wir schematisch einmal Reduktion und Vervollkommnung genannt haben, auch das Werk nicht vollkommen sein kann. Die poetische Persönlichkeit kann in ihrer Entwicklung durch die radikale Verengung der bürgerlichen einen Umschlag erfahren, so daß die forma formans, das System, nur noch Skelette hervorbringt. Kafka hat auch diese Gefahr erkannt. Seine späten Erzählungen ›Der Bau‹ und die ›Forschungen eines Hundes‹ deuten die Verknöcherung des Formvermögens an. Die ›Forschungen eines Hundes‹ nannte er selbst »trotz aller Wahrheit böse, pedantisch, mechanisch, auf einer Sandbank ein noch knapp atmender Fisch« [46]. Er fügt hinzu: »Ich schreibe ›Bouvard und Pecuchet‹ sehr frühzeitig«, das heißt, daß er, obwohl er noch keine vierzig Jahre alt war, schon ein Alterswerk (das ist das angeführte Werk für Flaubert) schreibt. Diese Erzählungen sind, wie Kafka es in der Erzählung ›Der Bau‹ ausdrückt, »recht mühselige Rechnungen, und die Freude des scharfsinnigen Kopfes an sich selbst ist manchmal die alleinige Ursache dessen, daß man weiterrechnet« [47].

Seine Entwicklung betrachtend stellt er fest: »Wenn sich die beiden Elemente — am ausgeprägtesten in ›Heizer‹ und ›Strafkolonie‹ — nicht vereinigen, bin ich am Ende« [48].

Die Elemente, die Kafka für sich als polar betrachtet, sind kaum der »realistisch-hoffnungsvolle und der ideell-strenge Zug«, wie Max Brod diese Bemerkung Kafkas auslegt [49]. Die Polarität wäre meines Erachtens besser zu fassen, wenn man die ›Beschreibung eines Kampfes‹ dem ›Bau‹ gegenüberstellte: dort werden die »Dinge« »vor lauter Hitze« »in einer einzigen Eile« noch mit »zufälligen Namen überschüttet« [50], während hier »alles recht mühselige Rechnungen« sind [51].

Wir werden immer wieder sehen, ohne daß wir uns vornehmen, das Werk Kafkas vorzüglich in seiner Entwicklung zu betrachten, daß der Fortschritt von ›Amerika‹ bis zum ›Schloß‹ eben ein Fortschritt in der Vervollkommnung des autonomen Formvermögens ist, das im Werk

Objektivität und Totalität sichert. Nach Binswanger und Lukács muß der ideale Vollzug der Selbstrealisation eines Dichters so verlaufen, »daß die Reduktion zum ›Vehikel der Totalität‹, daß die Verengung der ›Subjektivität‹ durch das einseitige Gerichtetsein auf ein nur durch diese Einseitigkeit möglich gewordenes Objekt zur alles umfassenden Abgeschlossenheit werde« [52].

Welche Elemente in Kafkas »alles umfassender Abgeschlossenheit« auftreten, das muß sich aus dieser Arbeit ergeben. Wir müssen dazu den Dichter selbst nicht mehr heranziehen, da das Werk alles selbst ist. Trotzdem werden wir manchmal vom Werk aus auf den Dichter verweisen, nicht aber um etwas im Werk zu stützen, sondern um zu zeigen, wie sehr das selbsttätige Formvermögen, das zwar in Wechselwirkung mit der bürgerlichen Persönlichkeit ersteht, sich zu immer größerer Selbständigkeit erhebt und an der Reduktion seines Gegenteils mitzuwirken beginnt, indem es seine Form in die Entscheidungen der bürgerlichen Persönlichkeit hinein entläßt. Das heißt nichts anderes, als daß Kafka immer mehr den natürlichen Kontakt zur Wirklichkeit verliert und seine möglichen Reaktionen auf vorhandene Wirklichkeit nicht mehr die einer natürlichen bürgerlichen Persönlichkeit sind, sondern, daß diese Reaktionen gewissermaßen dem Diktat des autonomen Formvermögens der poetischen Persönlichkeit in ihm unterliegen. Bei Kafka muß man das Leben aus dem Werk erklären, während das Werk auf die Erhellung durch die biographische Wirklichkeit verzichten kann.

II. Das Erzählen selbst

Wenn der Prozeß der »Selbstrealisation« in einer idealen Weise vollzogen werden oder entelechial völlig von sich aus, gewissermaßen automatisch verlaufen könnte, gäbe es für den Dichter keine Wahl des Standortes; das heißt, keine Möglichkeit, sein Verhältnis zum Erzählen selbst zu bestimmen, weil der jeweils erreichte Punkt auf dem sinnvollen Entwicklungsweg für das diesem Stadium entsprechende Werk der einzig mögliche und darum ideale Punkt wäre. Da sich aber die poetische Persönlichkeit, das autonome Formvermögen in einem andauernden Streit bildet, ist die Art, wie der Dichter sein Erzählen einrichtet, immer frag-würdig.

Kafka erzählt in der dritten Person und tritt als Erzähler nicht selbst auf. (Wir sprechen von den drei Romanen.) Das Erzählen selbst als ästhetisches Faktum wird hier nicht in den phänomenalen Bereich des Werkes einbezogen. Es gibt demzufolge auch keine Hinwendung zum Leser. Das ist bedeutsam, wenn man bedenkt, welch weitläufigen Gebrauch die Erzähler zu allen Zeiten von dieser Möglichkeit, von diesem Vorrecht der epischen Dichtung machten. (Das Drama kann das, bis auf wenige Ausnahmen, die mit dem Autor auf der Bühne experimentieren, nicht.) Der Erzähler, der so in die Erzählung eingeht, ist ja nicht der Schriftsteller als bürgerliche Person, er ist auch nicht die von uns angedeutete poetische Persönlichkeit, er ist vielmehr ein Ausdruckselement, das ganz spezifisch episch ist [1]. (Der Autor, der auf die Bühne kommt, wird ja auch von einem Schauspieler gespielt, auch hier handelt es sich um eine künstlerische Möglichkeit und nicht um die bürgerliche Person.)

Der erscheinende Erzähler gibt sich ganz deutlich als das Medium zu erkennen, durch das uns die Welt mitgeteilt wird. In diesem Erzähler bricht sich die Realität sichtbar. An ihm können wir, wenn er sich genügend deutlich zeigt, nahezu den Brechungskoeffizienten errechnen und die epische Dichtung als ein ästhetisches Widerspiel der beschriebenen Welt erkennen [2]. Er ist der ins Buch eingegangene Rhapsode. Er rechtfertigt durch sein Dasein alle ausdruckshaften und thematischen Werte des Werks. Er ist ein unumgrenzbarer potentieller Faktor eines epischen Werkes. Er kann sich einschalten, wann und wie er will: er kann Nichtwissen vortäuschen [3], er kann etwas besser wissen als seine Personen [4], er kann sich aus der Erzählung heraus direkt an den Leser wenden [5], er kann Wirkungen erzielen, dadurch daß er

sich plötzlich zurückzieht, er kann den zeitlichen Verlauf seiner Erzählung beschleunigen, hemmen oder unterbrechen, er kann sich für Vorgänge entschuldigen und dadurch und durch viele andere Einmischun-
gen die Illusion des wirklichen Geschehenseins des Erzählten steigern
[6]. Die Reihe der angedeuteten Möglichkeiten läßt sich beliebig er-
weitern. Halten wir als erste Charakteristik des Erzählens bei Kafka
fest, daß er sich aller hier angedeuteten Möglichkeiten begibt durch
seine strenge, nicht ein einziges Mal aufgehobene Beschränkung. Er erscheint nicht. *Es* wird erzählt. Kafka verzichtet auf diesen erscheinenden Erzähler, den »schöpferischen Macher«, den man sogar als »conditio sine qua non aller epischen Literatur« bezeichnet hat [7]. Es
soll bewiesen werden, daß für Kafka gerade das Erzählen ohne den
erscheinenden Erzähler zur conditio sine qua non wird und daß seine
Dichtung trotzdem eine rein epische ist. Für ihn ist diese Haltung notwendig, von ihm selbst als die ihm gemäße entdeckt. Er hat die ersten
Kapitel des ›Schlosses‹ in der Ichform begonnen [8], ist also zumindest
als Ich-Erzähler aufgetreten, um dann, erst im Verlauf der Arbeit, das
Ich durch ein Er, durch K., zu ersetzen, ohne sich aber im Werk ander-
wärts als Erzähler zu konstituieren.
Unsere Fragen sind nun vorerst: welches Medium wählt der Dichter,
wenn er keinen Erzähler einführt und wie steht der Dichter zu seinem
Medium? Und: in welcher Weise bestimmt diese Erzählerhaltung den
Charakter der Kafkaschen Dichtung?
Kafka ersetzte im ›Schloß‹ das Ich durch K. Damit ist die Frage nach
dem Medium eigentlich schon beantwortet. Nun ist diese Kongruenz
[9] des Autors mit seinem Medium keineswegs problemfrei. Die Gefahr, in die sich Gottfried Keller brachte, als er den in der Er-Form
geschriebenen ›Grünen Heinrich‹ in die Ich-Form umschrieb, ist zwar
bei Kafka nicht vorhanden: die Er-Form erlaubt ja größere Freizügig-
keiten in der Handhabung der Perspektive als die Ich-Form; diese Um-
stellung bringt eine Erweiterung der perspektivischen Kompetenz für
Kafka, während es sich bei Gottfried Keller um eine Verengung han-
delte. Wir werden im Laufe dieser Erörterung noch an verschiedenen
Beispielen zu erklären versuchen, was Kafka genötigt hat, die Ich-
Form aufzugeben. Wenden wir uns aber zuvor den einfachsten Erscheinungen dieses Kongruenzverhältnisses zwischen Autor und Held zu.
In allen drei »Romanen« eröffnet sich uns kein Schauplatz, ohne daß
einer der drei »Helden«, Karl Rossmann, Josef K. oder K., anwesend
wäre. Das belegen wollen, hieße die drei Werke zitieren. Käte Friedemann meinte, daß die Welt, die wir im Roman repräsentiert wissen

wollen, zu »breit« sei, als daß sie uns durch »das Medium eines in voller Aktion befindlichen Menschen zum Bewußtsein gebracht werden könne« [10]. Auch bei Kafka ist der Held nicht nur ein passives Medium, er ist ganz im Gegenteil sogar das Zentrum aller Aktivität. Alles geht von ihm aus oder richtet sich gegen ihn. Was erreicht nun Kafka dadurch, daß er den Gesichtspunkt der Perspektive seines Erzählens in den Helden legt?

1. Beginnen wir mit der materiellsten Verwirklichung der Perspektivität, mit *der geometrisch-physikalischen Perspektive* in Kafkas Werk. Zweifellos ist die vom Helden gesehene Welt nicht »breit«; sie hat andere Qualitäten. Die Umsetzung dieser durchgehenden Beschränkung des Sehens von einem Ort aus in Ausdruck ist schon in ›Amerika‹ in Andeutungen vorhanden. Karl Rossmann erlebt die Wahlkundgebung vom Balkon Bruneldas aus (S. 241ff.). Die Holztafeln mit den Propagandaschriften erscheinen »vom Balkon aus gesehen ganz weiß« (S. 242.) Die Wahlphrasen sind also für Karls Standort schon durch die Entfernung negiert. Das Hin- und Herwogen der beiden Parteien in der dunklen Straße, die aufblitzenden »Automobillaternen«, Angriff und Gegenangriff der Parteien untereinander, all das erhält seinen für Kafka bezeichnenden Wesensausdruck nur durch dieses Nicht-genau-sehen-können! Dunkelheit und Entfernung werden konstituierend für den Raumcharakter, für den Ausdruck. »Der Parteigesang« z. B. wird »emporgebrüllt« (S. 245). Auch die akustischen Werte richten sich nach dieser Entfernung des Beobachters vom Geschehnisort: »Man sah im Lichte der Automobillaterne den Mund jedes einzelnen weit geöffnet«, trotzdem bringen die Gegner die »Partei unten nach ihrem kurzen Sieg zu einem für diese Höhe wenigstens gänzlichen Verstummen« (S. 245).

Für Karl und damit für den Leser ist somit die Vernichtung der einen Partei eine totale [11]. Nun erwähnt Kafka hier noch, daß dieser Eindruck durch die Entfernung bedingt ist. Diese Relativierung fällt später weg. In ›Amerika‹ ist die geometrisch-physikalische Form des perspektivischen Sehens vom Helden aus noch nicht völlig in Ausdruck umgesetzt. Die Stellen, an denen Kafka den Eindruck, die Stimmung auf die Lage (Entfernung oder Nähe) des Standpunktes oder auf die Tages- oder Jahreszeit (Dunkel oder Helle) zurückführt, werden immer seltener [12].

In ›Amerika‹ überwiegt noch das Sehen, das zur Beschreibung führt; allerdings schon mit der Tendenz, das Beschriebene Ausdruck werden zu lassen. Was das Sehen verliert, wird durch Schließen ersetzt. »Aber so laut man auch rief und so sehr man sich bemerkbar zu machen

suchte, auf der Schiedsrichtertribüne deutete nichts darauf hin, daß
man die Ovation bemerkte oder wenigstens bemerken wolle« (›Amerika‹ S. 283). Hier ist zwar auch noch spürbar, daß die Entfernung
verantwortlich gemacht werden könnte für die Nichtbeachtung, aber
es ist nicht mehr ausdrücklich erwähnt; im Gegenteil, durch das »wenigstens bemerken wolle« ist schon eine Überlegung laut geworden, die
der Relativierung auf die Entfernung entgegensteht, die zwar hier
gleich wieder in Beschreibung übergeht, in Kafkas Werk aber mehr und
mehr die Beschreibung zu verdrängen beginnt. Das Licht nimmt immer
mehr ab in den Werken Kafkas, die Entfernung der Helden von ihren
Zielen wird größer; notwendig wird durch diese Veränderungen die
sichtbare Gegenständlichkeit der Kafkaschen Welt reduziert. Der Held
sieht nicht mehr so viel, dafür deutet er jetzt. Der Leser ist völlig auf
diese Deutung angewiesen, da ja kein Erzähler da ist, der uns mehr sagen könnte als der Held sieht, weil eben durch den Helden erzählt
wird.

Was in ›Amerika‹ an wenigen Stellen angedeutet ist, das Halbdunkel,
das Zwielichtige und die völlige Finsternis als ausdrucksbildendes Element, wird im ›Prozeß‹ und ›Schloß‹ zur Vollendung gebracht. Der
»neblige Dunst« im Gerichtssaal (›Prozeß‹ S. 54ff.), der dunkle Gang
vor den Kanzleien in den Dachböden (›Prozeß‹, S. 73ff.), die dunklen
Zimmerecken beim Advokaten (›Prozeß‹, S. 114), der am Vormittag
völlig finstere Dom (›Prozeß‹, S. 215ff.), in dem die »Orgel schwach
aus der Finsternis ihrer großen Höhe« (S. 219) blickt, so, daß Josef K.
sagt, »das war kein trüber Tag, das war schon tiefe Nacht«, in der
ihm »nur Dunkel von allen Seiten entgegenfliegt« (›Prozeß‹, S. 272,
gestrichene Stelle), die nächtliche Hinrichtung im Steinbruch, wo in der
Ferne noch ein Mensch aus dem Fenster winkt (›Prozeß‹, S. 239), der
Einzug K.s in das Dorf (»Nebel« und »Finsternis«, ›Schloß‹, S. 11),
die Bauernstuben, in denen schon am Vormittag »Rauch aus Halblicht
Finsternis« macht (›Schloß‹, S. 22), so daß K. nie genau erkennen
kann, was vorgeht (ebenso ›Schloß‹, S. 94 u. S. 74); überall Finsternis,
in der es »ringsum gegen ihn lärmt« (›Schloß‹, S. 141). In diese Finsternis sind wir mit K. hineingestellt, weil wir nur durch ihn sehen [13].
Ein allwissender Erzähler, der die Welt abschildern kann, weil er an
keinen Standort gebunden ist, weil er so nahe hingehen kann, daß er
alles genau sieht, ist nicht gezwungen, die Dinge zu deuten. Kafka aber
wacht ängstlich darüber, daß die K.s in dieser Dämmerung bleiben
Josef K. z. B. sieht, als er seine große Rede gegen die Behörde hält
daß die Frau des Gerichtsdieners von einem Mann in eine Ecke gezogen

wird, der ganze Eindruck seiner Rede scheint durch diese Störung bedroht zu werden. Er sieht hin, durch »das trübe Tageslicht« (›Prozeß‹, S. 56) behindert; und nun überwiegt bei Kafka anscheinend die Freude, die unanständige Nichtswürdigkeit, die Josef K.s Rede bedroht, zu schildern; Einzelheiten über den aufgelösten Zustand der Frau folgte. Später streicht er diese Einzelheiten durch und beläßt es bei einer Beschreibung, die nicht über das hinausgeht, was Josef K. in dem »trüben Tageslicht« gesehen haben kann (vgl. ›Prozeß‹, S. 56 und S. 269, gestrichene Stelle). Kafka ist sich also bewußt, daß er, wenn er das Zwielicht bevorzugt und alles durch seinen Helden sehen lassen will, daß er dann auf gegenstandsreiche Beschreibung verzichten muß. Es gibt bei ihm kein »Sehen«, das im Sehenden eine dem Gegenstand adäquate Vorstellung vermittelt. Den Gegenstand, der um seiner selbst willen erscheint, um die Mannigfaltigkeit einer beschreibbaren Welt zu demonstrieren, diesen Gegenstand gibt es bei Kafka nicht. Je mehr das physikalisch faßbare Sehen vom Standpunkt des Helden aus reduziert wird, desto mehr werden die fragmentarischen Reste der Erscheinungen in ihrer zwielichtigen Befindlichkeit zum Anstoß von Überlegungen, die sich von ihrer Ursache allmählich befreien, um sich endlich ganz zu verselbständigen [14]. Ein instruktives Beispiel, daß auch bei vollen Lichtwerten der Eindruck immer mehr zum absoluten und alleinigen Faktum wird, sind die Beobachtungen K.s im Flur des Herrenhofes: ein Diener verteilt die Akten an die Herrn, die sich nicht aus den Türen wagen, weil K. in der Nähe ist. Das weiß K. nicht. K. sieht also die Herrn nicht, er sieht nur die Türen; und weil er nur die Türen sieht und die Zimmer, darum werden diese für ihn zu den entscheidenden Faktoren: der Diener befindet sich für K. (und damit für uns) im Kampf mit »diesen kleinen hartnäckigen Zimmern« (›Schloß‹, S. 319). Hier bemerkt Kafka noch dazu, daß es K. so schien, weil er die Bewohner nicht sah. An einer anderen Stelle aber heißt es: manche Türen blieben »jetzt unerbittlich geschlossen . . .« »wie wenn sie von der Sache gar nichts mehr wissen wollten« (›Schloß‹, S. 317). Der Diener läßt »von der Tür ab«, läßt »sie gewissermaßen ihre Schweigsamkeit erschöpfen . . .« (›Schloß‹, S. 319). Später werden die Türen sogar entscheidender als die Herren, denn »die Türen warteten offenbar ungeduldig darauf, daß K. endlich vorüberkomme, damit sie die Herrn entlassen könnten« (›Schloß‹, S. 323). Das ist wohl die radikalste Treue zu einem perspektivischen Standpunkt, die sich überhaupt denken läßt; die Verabsolutierung des Sehens um des Ausdrucks willen ist hier vollkommen. Die geometrisch-physikalische Quantität des Sehens, seine materiellste

Form, ist hier in Qualität verwandelt; der »modo recto«, das direkte
Sehen, ist zu einem »modo obliquo« [15], zu einem bedingten, nur
noch dem Subjekt verpflichteten Sehen geworden.
Wir haben bisher die Kongruenz des Autors mit seinen Helden noch
nicht näher geprüft. Wir haben sie festgestellt und ihre Wirkungen in
einer ganz bestimmten Richtung aufgezeigt. Dieses Verhältnis gilt es
nun noch in seinen wichtigsten Formen zu erkennen.
2. Die totale Kongruenz von Autor und Medium ist da erforderlich,
wo sich etwas vorbereitet, das dem Helden erst später offenbar werden
soll. Es sind Entwicklungen, die innerhalb der einzelnen Werke beginnen und enden, Spannungsverhältnisse, die latent vorhanden sind, Tatbestände, die dem Helden erst von einem gewissen Zeitpunkt ab bekannt werden dürfen: also gewissermaßen *Enthüllungen*. Die Stimmung, die ein Werk schafft, ist wesentlich davon abhängig, ob wir in
solche Tatbestände von vorneherein eingeweiht werden und den Helden irrend darauf zutappen sehen, oder ob wir mit ihm irren und mit
ihm überrascht werden. Wollte uns Kafka Vordeutungen zukommen
lassen, so müßte er sich vom Helden zuweilen lösen und damit auch uns
aus dem Gesichtswinkel des Helden herausnehmen. Untersuchen wir
dazu einige Beispiele.
Auf Seite 20 in ›Amerika‹ wird mit anderen zusammen ein Herr mit
einem »Bambusstöckchen« erwähnt. Auf Seite 31 stellt sich heraus, daß
dieser Herr der Onkel Karl Roßmanns ist. Sechs Mal wird dieser Herr
in der Beschreibung der Vorgänge in der Kajüte erwähnt, ohne daß
etwas vorweggenommen wird: Karl fühlt sich durch ihn lediglich etwas
gestört [16]. Alles entwickelt sich natürlich weiter bis zu dem Augenblick der Enthüllung.
Ähnlich wird in ›Amerika‹ auf Seite 75 zum erstenmal erwähnt, daß
Karl seinen Hut vermißt; noch einmal auf Seite 81. Auf Seite 86 bietet
Herr Green Karl eine Kopfbedeckung an, die dieser nicht kennt. Herr
Green lacht. Auf Seite 101 legt Karl diese Kopfbedeckung auf seine
Kleider und in der Umgebung der vertrauten Kleider erkennt er in der
Mütze seine eigene wieder.
Ein anderes Beispiel: Karl wird unruhig im Landhaus des Herrn Pol-
lunder. Er will zu seinem Onkel heim. Nachträglich stellt sich heraus,
daß seine Ahnung begründet war: Herr Green gibt den Brief des On-
kels ab, durch den Karl verstoßen wird. Die Brieftasche, in der dieser
Brief steckt, und der Brief selbst werden von Karl auf den Seiten 81;
84 (zweimal); 85 und 87 gesehen, ohne daß er sie und den Brief mit
seiner Angst in Verbindung bringen könnte. Auch für den Leser bleiben

diese Erwähnungen beziehungslos, bis dann auf Seite 94 alles aufgeklärt wird. Ein ähnlicher Vorgang: K. beobachtet die Aktenverteilung
(›Schloß‹, S. 315ff.). Die ungeheure Verwirrung und Unruhe bleibt für
uns ebenso wie auch für K. rätselhaft, bis wir mit ihm zusammen vom
Wirt (›Schloß‹, S. 323) aufgeklärt werden. Im ›Schloß‹ laufen einige
solche Stränge größeren Ausmaßes nebeneinander her: auf den Seiten 22, 24, 26 und 34 ist von einer Frau die Rede, die K. wegen ihrer
Schönheit auffällt. Parallel mit diesen Andeutungen bereitet sich etwas
zwischen Frieda und K. hinsichtlich der Familie des Barnabas vor
(›Schloß‹, SS. 114f.; 163; 185). Erst gegen Ende des Buches klärt Olga
K. über diese Zusammenhänge auf.

Die Kongruenz zwischen Dichter und K. ist hier so vollkommen, wie
sie sonst nur in einem Ich-Roman sein kann. Vergleicht man, wie Stifter die zwei Stränge Natalie und Tarona nebeneinander herführt, so
wird dies ganz klar: im ›Nachsommer‹ [17] sieht der Erzähler auf
S. 213 (Bd. VI) zum erstenmal ein Mädchen im Theater. Erwähnungen
folgen auf den SS. 216 (Bd. VI), 274 (Bd. VI). Auf S. 285 (Bd. VII)
erfährt er, daß dieses Mädchen Natalie ist. Daneben her läuft der
Strang »Tarona«: auf S. 202 (Bd. VI) zum erstenmal genannt, auf
SS. 223 (Bd. VI) und 335 (Bd. VII) noch einmal erwähnt; erst auf
S. 175 (Bd. VIII) erfährt der Ich-Erzähler, daß Natalie mit Nachna-
men Tarona heißt. Eine letzte Erklärung erfolgt auf S. 207 (Bd. VIII)
(mit der Fürstin). Der Erzähler in der Ich-Form hat zwar das Erlebnis
hinter sich und weiß alles; aber in dem Augenblick, in dem er zu erzählen beginnt, gibt er alle Erfahrungen auf. Er stellt sie zurück und
stellt sich selbst an den Anfang. Je totaler er sich an den Anfang zu-
rückversetzt, desto echter kann er die Entwicklung erzählen. Er darf
in keinem Stadium etwas erzählen, was er nicht hätte wissen können,
als er erlebend in dieses Stadium eintrat. Nun wird allerdings nur bei
Stifter die Ich-Erzählung so streng entwickelt, die anderen Ich-Erzähler bevorzugen diese Form gerade wegen ihrer größeren Ungebunden-
heit. Dieses Problem kann hier nur angedeutet werden. Meines Erachtens hat Stifter im ›Nachsommer‹ den Beweis erbracht, daß das Schritt-
für-Schritt-Gehen echter Epik nur durch eine strenge Wahrung des
jeweiligen Ich-Standpunktes möglich ist. Das gilt auch für den Erzähler, der in der dritten Person erzählt; hier hat Kafka den Beweis erbracht. Hermann Kasack hat ihn unfreiwillig erhärtet. Auch wenn man
in der dritten Person erzählt, muß der Erzähler ganz sicher in seinem
Helden ruhen, um nicht aus der »Rolle« zu fallen, wie es Kasack in
seiner ›Stadt hinter dem Strom‹ [18] passiert. Er hat in der Erzähler-

haltung nach Kafkas Muster gearbeitet: der Held befindet sich in
einem befremdenden Zwischenbereich. Der Erzähler weist hier aber
aufdringlich (auf den SS. 109, 116, 118, 154, 170) immer wieder auf
die durchschnittenen Pulsadern Annas hin und laviert den Helden
knapp an dieser Enthüllung vorbei (er wüßte dann, daß er sich im
Totenreich befindet). Der Held muß sich sogar zweimal sehr deutlich
umdrehen (SS. 158 und 228), sonst käme das Ganze zu früh heraus;
so aber zögert der Autor die Enthüllung für den Helden bis S. 345
hinaus, während der Leser spätestens bei der zweiten Andeutung Be-
scheid weiß. Bei Kafka wird der Leser in der gleichen Unwissenheit
belassen wie der Held. Nur so erhält dieser Vorgang die geschlossene
Gleichmäßigkeit, das Schritt-für-Schritt-Gehen echter Epik.
Eine ähnliche Wirkung erzielt Kafka in der Schilderung erotischer
Szenen: wenn sich K. aus Fräulein Bürstners Zimmer schleicht, so bemerkt er erst, als es zu spät ist, daß er beobachtet wurde. Wir erfahren
es mit ihm (›Prozeß‹, S. 92). Als sich K. und Frieda am Morgen aus
den Bierpfützen der Herrenhof-Schenke erheben, bemerken sie, daß
die Gehilfen sie die ganze Nacht über beobachtet haben (›Schloß‹,
S. 57). Das gleiche wiederholt sich im Brückenhof (›Schloß‹, S. 61).
Den Leser treffen diese Enthüllungen im gleichen Augenblick und mit
der gleichen Schwere wie die K.s. So wird durch diese streng bewahrte
Erzählerhaltung die Intensität des Erzählten gesteigert.
3. Nun handelt es sich bei diesen »Enthüllungen« um innerhalb der
Kafkaschen Romane begrenzte Erscheinungen. Um die Kongruenz
zwischen Autor und Held noch genauer bestimmen zu können, müssen
wir uns Beispielen zuwenden, die im Werk ganz allgemein und durch-
gehend vorhanden sind. Dazu knüpfen wir an das oben Gesagte an,
daß nämlich der Abbau der sichtbaren, gegenstandsreichen Welt, die
Reduktion des »natürlichen« Sehens, in letzter Konsequenz zu Refle-
xionen über das Nichtmehr-Sichtbare führen mußte. Zu eben dieser
Reflexion führt auch ein zweiter Zug, der allen Helden Kafkas eigen
ist: die Fremdheit. Sie befinden sich in der »perpetuierenden Ankunft«
[19] oder in der »perpetuierten Ausgangssituation der Ankunft«
[20], wie man es auch genannt hat. Der Konjunktiv, die indirekte
Rede, ein vielfacher Gebrauch von Adverbien der Vermutung, des
Nicht-Wissens [21] sind die Weisen, in denen die K.s auf die ihnen
unbekannte Umwelt reagieren. Diese Reaktion ist also nicht Feststellung, sondern Deutung.
Der Erzähler greift nicht ein einziges Mal ein, um dieses konjunkti-
visch-vermutende Abtasten zu unterbrechen oder gar dem Leser etwas

zu verraten, was ihn in einen Abstand zu K. bringen könnte. »Jemand mußte Josef K. verleumdet haben . . .«, beginnt der ›Prozeß‹ und endet ». . . als sollte die Scham ihn überleben«. Diese Konjunktivketten gehören zu den fundamentalsten Ausdrucksweisen der Kafkaschen Dichtung. Ein erscheinender Erzähler würde sie ihres Gleichgewichtes zwischen Möglichsein und Unmöglichsein berauben und das Ganze etwa bei der abstrakten Andeutung lassen, wie Malte Laurids Brigge, wenn er den Totenwagen mit dem Milchglasfenster sieht und bedenkt, daß man sich dahinter »die herrlichsten Agonien vorstellen« könne: »dafür genügt die Phantasie einer Concierge. Hat man noch mehr Einbildungskraft . . . so sind die Vermutungen geradezu unbegrenzt« [22]. Der erzählerlose, gewissermaßen selbsttätige Verlauf der Kafkaschen Romane macht eine solche abkürzende Betrachtung unmöglich. Hier muß möglichst jede Möglichkeit abgetastet werden; aus dieser unendlichen Reihe entsteht erst das Werk.

Wendungen, die die Kongruenz des Dichters mit den K.s (wir verstehen darunter immer die »Helden« aller drei Romane) beweisen, finden sich vor allem auch da, wo der Gesprächspartner im Konjunktiv und K.s Gedanken im Indikativ gezeichnet werden. Wenn K. selbst beschrieben werden soll, geschieht das durch andere Personen; so schildert z. B. Schwarzer den Landvermesser am Telefon als einen »Mann in den Dreißigern, recht zerlumpt . . .« (›Schloß‹, S. 13); oder der Erzähler führt K. in der Form der erlebten Rede vor: »Sie mochten ihm jetzt . . . zusehen« (›Prozeß‹, S. 18). Es ist auffällig, daß sich Kafka äußerst selten der im modernen Roman sonst so verbreiteten Form der erlebten Rede bedient; sie ist eine viel zu aktive Äußerung für einen K., sie ist viel zu bestimmt. Kafka läßt seine Helden lieber konjunktivisch monologisieren, mit allen Wendungen einer fast definierbaren »Phantastik« (Novalis, s. o.).

Nun wird ja die erlebte Rede allgemein als ein Mittel betrachtet, um das Wort dem Erzähler abzunehmen, das heißt, einen Menschen der Erzählung selbst sprechen zu lassen und doch nicht in einen dramatisierenden Monolog zu verfallen. Die erlebte Rede ist also eine willkommene Möglichkeit, »den Standpunkt der Perspektive gleichsam in die Seele der Gestalt selber« [23] zu verlegen, daß der Leser auch einmal unmittelbar, und trotzdem im Epischen verbleibend, am Innenleben des Helden teilnehmen kann. Es liegt auf der Hand, daß Kafka zu dieser Abwechslung keine Nötigung empfindet. Im Amerika-Roman, als Karl sich so heftig für den Heizer einsetzt, da greift Kafka auch einmal zur erlebten Rede (›Amerika‹, SS. 29 u. 31); auch im

›Prozeß‹, wenn sich K. nach unendlich langen konjunktivischen Überlegungen einmal aufbäumt, aber selbst hier wird die erlebte Rede nur
ganz kurz gebraucht (›Prozeß‹, SS. 134f. u. 148).

4. Nun scheint einiges darauf hinzudeuten, daß Kafka die ihm eigene
perspektivische Haltung nicht nur unbewußt übt, sondern gewissermaßen programmatisch durchführt: wenn sich z. B. in längeren Ab-
schnitten das Erzählen zu verselbständigen droht, macht Kafka immer
wieder kleine Zäsuren, um daran zu erinnern, daß durch K. erzählt
wird [24]. Dann ist vor allem die betonte Rechtfertigung auffallend,
die Kafka gibt, wenn er einmal eine Regung des Gegenübers im Indikativ erzählt, die K. eigentlich nicht wissen kann und darum konjunktivisch erschließen müßte: es wird dann meist angefügt, woraus K.
das geschlossen hat [25]. In gleicher Weise rechtfertigt sich der Dichter, wenn er befürchtet, ein Satz oder ein Abschnitt könne den Eindruck erwecken, als habe K. etwas bemerkt, was seinem Gesichtskreis
eigentlich verschlossen ist [26].

5. Obwohl Kafka also ganz deutlich auf die Wahrung der Perspektive
achtet, lassen sich — allerdings nur mit einiger Mühe — einige Stellen
in den drei »Romanen« bezeichnen, die auf eine Verfehlung gegen
diese Form der perspektivischen Haltung hinzuweisen scheinen [27].
Diesen »Verfehlungen« ist aber so lange keine Beweiskraft gegen das
oben dargetane Prinzip zuzugestehen, als es sich lediglich um »Verfehlungen«, um »Versehen« handelt und nicht um Anzeichen eines anderen Ausdrucksprinzips, das dem der Kongruenz zwischen Autor und
Held tatsächlich widersprechen würde. Die von uns angeführten Stellen (Anm. [27]) reichen dazu nicht aus. Es gibt aber Stellen
in Kafkas Werk, wo diese Kongruenz positiv in Frage gestellt
wird. Das angemerkte Beispiel aus ›Amerika‹ (S. 208) deutet das
schon an: hier erklärt Kafka ganz offen, daß der Polizist es gar nicht
so meint, daß Karl Roßmann aber ein schlechtes Gewissen hat und sich
sofort verdächtigt fühlt. Karl Roßmann deutet die Umwelt falsch, er
deutet sie zu seinen Ungunsten. Das wird später nahezu zu einem fest-
stehenden Ausdruckselement, daß der Held alle Äußerungen der Umwelt in dieser Weise deutet. Der Fortschritt zu ›Amerika‹ aber ist dabei
gerade die Tatsache, daß Kafka nicht mehr aus dem Helden heraus-
tritt, den Leser vom Helden trennt, um ihm apart zuzuflüstern, daß
der Held eigentlich gar nicht bedroht ist, daß sich alles nur in dessen
Einbildungskraft so darstelle. In der angeführten Stelle zersplittert die
Wirkung, weil wir das Grundlose der Befürchtung des Helden durch
den Autor erfahren. Dieses Beispiel gehört also noch durchaus zu den

»Verfehlungen« gegen die Kongruenz. Wir erinnern an die Wahlversammlung, wo Kafka auch noch anführt, daß der Eindruck auf die Entfernung zurückzuführen ist, während er später den Eindruck verabsolutiert. Parallel wandelt sich Kafkas Ausdrucksprinzip auch hier. In den späteren Werken verkehrt Kafka dieses Verhältnis, das in ›Amerika‹ schon im Ansatz vorhanden ist, sogar ins Gegenteil. Hat er sich hier noch vom Helden getrennt, um zu beruhigen [28], so trennt er sich später von ihm, um zu beunruhigen. Um die unheimliche Art des Prozesses, in den Josef K. gerät, seine völlige Unbegreiflichkeit so recht zum Ausdruck zu bringen, dazu entfernt sich Kafka in einer bei ihm völlig einmaligen Weise von seinem Helden. Und, was ungemein charakteristisch ist, nur in den Teilen des Werkes, die den Beginn des Prozesses gegen K. schildern. Später ist die Unheimlichkeit dann gesichert und der Erzähler kehrt gewissermaßen in die Normallage zurück. Aber am Anfang forciert er die bedrohliche Wirkung mit allen Mitteln, deren eines die Aufopferung seiner sonst so gleichförmigen Erzählerhaltung ist. Die dafür bezeichnenden Stellen finden sich auf den Seiten 19 (Z. 21—24); 26 (Z. 23—25); 27 (Z. 28—31); 37 (Z. 17—18). Diese Stellen sind Zeichen einer Bedrohlichkeit, die K. selbst noch gar nicht fassen kann. Dieses Nichtfassenkönnen drückt Kafka so aus: »K. warf den Rock zu Boden und sagte — er wußte selbst nicht, in welchem Sinne er es sagte —: Es ist doch noch nicht die Hauptverhandlung« (S. 19). Auf S. 26 heißt es ähnlich: ». . . ohne zu bemerken, wie auffallend eine solche Redeweise gegenüber selbständigen Männern war . . .«; oder: ». . . ohne genau zu wissen, was er meinte, schien es ihm . . .« (S. 27) und dann ist von einer großen Unordnung die Rede [29]. In den ersten Minuten nach der Verhaftung war es Josef K. noch aufgefallen, daß er durch gewisse unvorsichtige Äußerungen ein Beaufsichtungsrecht der Eindringlinge anerkannte (›Prozeß‹, S. 12). Jetzt bemerkt er das nicht mehr.

Josef K. sagt etwas, ohne daß er selbst weiß, was er damit sagen will; wir aber erkennen am Gesagten, daß K. damit ganz klar die ihm drohende Gefahr ausgesprochen hat. Kafka hat uns und sich selbst von K. entfernt. Wir erkennen die Gefahr in zweifacher Hinsicht: einmal, weil er sie für uns verständlich ausspricht, zum anderen weil er das Ausgesprochene selbst nicht versteht. Die Wirkung, der damit erreichte Ausdruck: die Unheimlichkeit des Prozesses, der dies alles bewirkt.

Die gleiche Ansicht ist maßgebend, wenn eine schwerwiegende Andeutung von Frau Grubach folgendermaßen eingeleitet wird: » . . . sagte sie etwas, was sie gar nicht wollte und was auch gar nicht am Platze

war« (S. 30). Hier schiebt sich der Autor ein wie in ›Amerika‹, aber
wenn er hier das Unangebrachte betont, so tut er es nicht, um die Lage
K.s objektiv und besser darzustellen, als sie diesem scheint (das tat er
im Falle Karls), sondern, um sie so bedrohlich wie nur überhaupt möglich zu schildern; denn diesmal läßt er dieses »ungewollt« nicht von
dem verwirrten Helden aussprechen, sondern von einer ganz einfachen
unbeteiligten Frau. Wir gingen bei der Betrachtung dieser Variation
der perspektivischen Haltung von ›Amerika‹ aus, wo sich der Autor
noch beruhigend einmischte, erkannten im ›Prozeß‹ seine der Beunruhi-
gung dienende Einmischung und müssen nun noch die perspektivisch
einwandfreie Haltung würdigen, die K. im ›Schloß‹ erreicht, ohne daß
sich dadurch die Intensität des Ausdrucks verminderte.

6. Es handelt sich um die Deutungen der Umwelt durch K. Wir sprachen schon vom häufigen Gebrauch vermutender Wendungen. Dieser
Gebrauch steigt von Werk zu Werk. Im ›Schloß‹ gewinnt er eine auffallend stereotype Form [30]. Diese immer in der gleichen Richtung
zielenden Deutungen werden ohne Einmischung des Erzählers erzählt.
Wir erfahren ihre Bedrohlichkeit für K. mit diesem selbst, weil wir sie
durch ihn erfahren. Die Bedrohlichkeit erhält ihre Ausdruckskraft dabei nicht zuletzt durch die strenge Bewahrung der perspektivischen
Haltung; alles ist unsicher: »es war undeutlich, ob die Verächtlichkeit
K. oder ihrer eigenen Antwort galt . . .« (›Schloß‹, S. 24), »daß man K.
kannte, schien ihn nicht zu empfehlen . . .« (›Schloß‹, S. 22). Wenn K.
glaubt, daß ihm jemand einen Dienst erweisen will, muß er sich gleich
sagen: »Das Ganze machte nicht den Eindruck besonderer Freundlich-
keit, sondern eher den einer Art sehr eigensüchtigen, ängstlichen, fast
pedantischen Bestrebens, K. von dem Platz vor dem Haus wegzu-
schaffen« (›Schloß‹, S. 26) [31]. Diese Deutungen sind stereotyp, sie
beweisen eine Art Zwang, immer mechanisch gleich reagieren zu müssen. Sie sind aber gleichzeitig die reinsten Ergebnisse der von Kafka
eingenommenen Erzählerhaltung. Durch diese perspektivische Haltung
wird demonstriert, daß K. in einem ganz bestimmten Verhältnis zu
seiner Umwelt existiert und daß sich dieses Verhältnis nie ändert. K. ist
also absichtsvoll angelegt, man könnte sagen: konstruiert, und zwar
so, daß immer wieder solche Deutungen entstehen. Bei einer Spaltung
in einen erscheinenden Erzähler und einen erlebenden Helden müßte
das Ganze ironisiert und K. eine Karikatur werden. Das beste Beispiel
dafür ist Don Quichotte. Auch er hat ein ganz eigenartiges Verhältnis
zu seiner Umwelt, das bestimmt wird durch die Art, wie sie sich in
seiner Phantasie umsetzt, wie er sie deutet.

Auch Don Quichotte deutet stereotyp, daß man nahezu einen Koeffizienten errechnen kann, um im voraus anzugeben, was sich bei ihm in was verwandelt. Der Unterschied aber ist, daß hier der Erzähler auftritt. Don Quichotte erblickt eine Schenke und sofort schaltet sich der Erzähler ein: »Wie nun unserem Abenteurer alles, was er dachte, sah oder sich einbildete, so erschien und sich zutrug, wie er es gelesen hatte, so kam es ihm sogleich, als er die Schenke sah, vor, dies sei ein Kastell mit seinen vier Türmen, mit Gesimsen . . .« [32]. Schweinehirten werden da vor unseren Augen zu schloßbewachenden Zwergen und Dirnen zu edlen Damen. Die groteske und dann auch die tragikomische Wirkung kann nur dadurch entstehen, daß uns der Erzähler zuerst die realen Faktoren und nachher den Multiplikationsvorgang und danach den phantastischen Quotienten schildert. Und genau das fehlt bei Kafka. Hier haben wir es lediglich und ganz ausschließlich mit dem Quotienten zu tun. Die Faktoren und der Multiplikationsvorgang liegen vor dem Werk (siehe oben »Der Dichter und die Dichtung«). Die unverbrüchliche Kongruenz von Autor und Held darf sich bei Kafka eher ins Gegenteil verkehren, daß der Autor den Helden sich selbst zum Rätsel werden läßt, als daß der Autor sich irgendwie interpretierend einmischt. Es ist allenfalls möglich, daß K. selbst seine extremisierten Deutungen einmal bedenkt — das tut er ein einziges Mal, als er bekennt, daß er vielleicht zu weit gegangen ist (›Schloß‹, S. 354). Dann aber bestärkt er sich wieder in seiner Haltung und sagt: »Ich weiß nicht, ob es so ist, aber, daß es eher so ist, als wie du es erzählst, das weiß ich gewiß« (›Schloß‹, S. 355). Kafka selbst mischt sich nicht ein, er läßt die beiden Meinungen, die des Dienstmädchens und die K.s einander gegenübergestellt stehen. Er versucht lediglich das Gleichgewicht der Deutung zu wahren.
So streicht er z. B. eine Stelle, in der es heißt: K. hatte »hinsichtlich dieses Mannes (Barnabas) Vorstellungen, die ihm selbst mit der Wirklichkeit nicht übereinzustimmen schienen . . .« (›Schloß‹, S. 368, gestr. Stelle). Das darf der Leser nicht erfahren. Das würde K., obwohl sich hier nicht der Erzähler einschaltet, mißkreditieren. K.'s Deutungen müssen zumindest für ihn selbst Glaubwürdigkeit haben; der Kafka gemäßere Ausdruck: sie müssen wahrscheinlich sein [33].
7. Kafka selbst hat — unfreiwillig zwar — den bündigsten Beweis erbracht, daß durch den Helden erzählt werden muß, daß gar ein sichtbar auftretender Erzähler in seinem Werk alles zur Karikatur machen muß. In überlieferten Fragmenten zum ›Schloß‹-Roman ist eine völlig zusammenhanglose »Episode« enthalten (›Schloß‹, S. 409ff.), in der ein

Ich-Erzähler erscheint, der wahrscheinlich dem Kreis der niedrigsten
Beamten oder auch der obersten Dorfklasse angehört. Dieses Fragment
beginnt: »Gestern erzählte uns K. das Erlebnis, das er mit Bürgel ge-
habt hat. Es ist zu komisch, daß es . . .« (S. 409). Und dann soll uns K.
einmal durch die Brille einheimischer Kreise gezeigt werden. Da wird
K. zum »Fuchs, der den Hühnerstall« (S. 410) umschleicht. Die Beru-
fung K.s wird zu einer »sehr phantastischen Geschichte . . .« (S. 410).
Der Erzähler schickt voraus, ehe er ganz bei dem zu erzählenden Ereignis angelangt ist: »Die Geschichte selber ist aber zu komisch« (S. 412), er fordert seine Zuhörer auf: »Ihr müßt euch das
richtig vorstellen . . .« (S. 411). Er betont, »das eigentlich Komische ist
freilich das Minutiöse und darum wird euch in meiner Nacherzählung
viel entgehen . . .« (S. 412). »Aber wagen wir's« (S. 412), so ermuntert
er sich selbst und da, als die Erzählung beginnen soll, bricht das Fragment ab. Es ging nicht! Das »Minutiöse« läßt sich eben nicht durch
einen von außen herangebrachten Erzähler bewältigen. Alles wird
»komisch«. Es gibt eben keine Möglichkeit, die Erlebnisse K.s und seine
Deutungen nachzuerzählen. Sie sind nur glaubwürdig, wenn wir sie
durch ihn selbst erfahren. Jede weitere Brechung ist unmöglich. Es gibt
meines Erachtens keine Stelle im ganzen Werk Kafkas, die mehr ver-
unglückt, unkafkaischer ist, als dieses Fragment, das selbstverständlich
von Kafka selbst als ein Irrweg erkannt worden sein muß und darum
im ›Schloß‹ nicht erscheinen konnte.
Man könnte nun einwenden, daß die ›Beschreibung eines Kampfes‹,
die ja auch ein Ansatz zu einer größeren Erzählung ist, von einem oder
von mehreren Ich-Erzählern erzählt wird und daß dabei trotzdem
keinerlei unechte Komik entsteht. Der Unterschied aber ist, daß der
Ich-Erzähler auch der Held ist, daß also wieder abstandslos erzählt wird.
Um die gewissermaßen ideale Erzählerhaltung möglichst genau einzu-
kreisen, müssen wir dabei noch kurz verweilen: bemerkenswert ist,
daß Kafka hier versucht, verschiedene Gestalten als Ich-Erzähler ein-
zuführen. Dieser Versuch mißglückt völlig. Die Beschreibung beginnt
mit einem »Ich«, das mit einem »Bekannten« spazieren geht. In dem
Abschnitt »Der Dicke« wird ein Wechsel des erzählenden Ichs vorbereitet, der dann in dem »begonnenen Gespräch mit dem Beter« vollzogen wird. In der »Geschichte des Beters« wechselt das »Ich« noch
einmal: der Beter wird als »Ich« zum Erzähler. Mit dem »Untergang
des Dicken« und vollends mit dem Teil III [34] wird das Anfangs-
verhältnis des »Ich« zu dem »Bekannten« wieder hergestellt und von
da an nicht mehr verändert.

Diese Veränderungen sind nur äußerlich. Ein neuer Name taucht auf, aber kein neuer Standpunkt, von dem aus die Welt gesehen wird. Alle drei Träger des »Ich«, das erste »Ich«, der »Dicke« und der »Beter« sind als Erzähler identisch! Die Form des Kampfes bleibt völlig gleich. Das erste auftretende »Ich« läßt sich von seinem »Bekannten« so beschreiben: »Sein Körper ist mit vielen kleinen mattgelben Stoffstücken behängt« [35]. Er sieht aus »wie eine Stange in baumelnder Bewegung«. Dieses »Ich« ist vom »Beter« nicht zu unterscheiden, der »als Schatten ohne rechte Grenzen die Häuser entlanghüpft« [36], von dem behauptet wird, daß er seiner »ganzen Länge nach aus Seidenpapier herausgeschnitten« ist und zwar, wie betont wird, »aus gelbem Seidenpapier« [37]. Die Identität dieser drei Erzähler ließe sich durch viele Einzelheiten belegen. Bestätigt wird sie durch Kafka selbst: er wählte zwei Gespräche aus und veröffentlichte sie im achten Heft des »Hyperion« (Jhrg. 1909) als ›Gespräch mit dem Beter‹ und ›Gespräch mit dem Betrunkenen‹. Beide Gespräche setzen in der Ich-Form ein, folgen direkt aufeinander [38] und erwecken durchaus den Eindruck, als unterhalte sich dasselbe »Ich« einmal mit dem »Beter« und einmal mit dem »Betrunkenen«. Im ursprünglichen Zusammenhang aber, in der ›Beschreibung eines Kampfes‹ ist das erste »Ich«, das mit dem »Beter« spricht, der »Dicke«, und das zweite ist der »Beter« selbst. Die Hyperionfassung nimmt darauf keine Rücksicht. Das ist auch gar nicht nötig, da es sich jedesmal um dasselbe »Ich« handelt, das übrigens von sich selbst bezeugt: »Ich bin dreiundzwanzig Jahre alt, aber ich habe noch keinen Namen« [39]. (Namen, nicht als Synonym für Berühmtheit, sondern als Zeichen faßbarer und eigenartiger Existenz.)
Diese verschiedenen Ich-Träger sind also untereinander identisch, Kafka kongruiert mit ihnen. Das heißt, Kafka kann keinen Erzähler konstituieren, mit dem er nicht kongruierte. Wenn er es tut, dann verfehlt er sich selbst (s. o.).
Will man nun mutmaßen, warum Kafka später vom »Ich« zum »Er« fortgeschritten ist, so darf man vielleicht sagen, daß ihm das »Ich« zu wenig Distanz gewährte. Hier war die Kongruenz in Gefahr, in eine Identität umzuschlagen. Wenn er später durch die K.s erzählt, so bietet dieses »Er« eine ganz sichere und nicht zu übersehende Grenze, die die Subjektivität (auch der poetischen Persönlichkeit) objektiver Form werden läßt als das »Ich«, das allzu offen, alles gestatten und damit die Konstruktion, die Auseinandersetzung des jeweiligen Helden mit der Umwelt, die Glaubwürdigkeit des Ganzen gefährden würde. Es ist ganz selbstverständlich, daß ein Ich-Erzähler als Mittelpunkt des Vor-

gangs mit dem Überhandnehmen der Deutung zu einer fraglicheren Figur werden muß. Der Eindruck der Ironie, der durch eine zu große Differenz zwischen noch erscheinender Umwelt und Deutung dieser Umwelt durch den Helden entstehen muß, führt schließlich zur Unwahrscheinlichkeit des gesamten Vorgangs. Durch eine Er-Erzählung sind beide, Umwelt und Held, in eine Distanz gerückt, die in dieser Hinsicht mehr gestattet, die die funktionierende Konstruktion der Auseinandersetzung (von der noch zu reden sein wird) erst ermöglicht [40]. Wenn es im Gespräch mit dem Betrunkenen heißt: »Als er wieder rülpste, sagte ich verlegen: ›Ich weiß, es widerfährt mir eine große Ehre‹« [41], so wirkt das schon grotesk; und gerade das »Ich« ist es, das die Diskrepanz zwischen Vorgang und Deutung am stärksten und in einer negativen Art spürbar macht. So heißt es z. B. einmal: »›Sie werden sich morden müssen‹, sagte ich und lächelte außerdem« [42].

Halten wir als Ergebnis dieser Überlegungen fest: Kafka erzählt durch ein Medium (»Er«), dieses Medium muß der Mittelpunkt des Vorgangs sein und darf keine Ich-Person sein. Das heißt, Kafka muß die Brechung vermeiden. Seine erzählte Welt duldet keinen Betrachter. Was durch K. erzählt wird, ist erzählte Welt, ist selbst Vorgang und ungebrochenes Ereignis; seine Meinung ist nicht die eines interpretierenden Erzählers, sie gehört zum Vorgang, zur eigentlichsten Materie des Werkes, die selbst, im Zusammenhang mit allem anderen, der Interpretation nicht bedarf, ihr aber aufgegeben ist, wenn überhaupt interpretiert wird [43].

Wenn sich z. B. ein Erzähler wie Wieland einmischt, um dem Leser zu sagen, daß im nächsten Kapitel die Tugend seines Helden Agathon durch die schöne Danae gefährdet werden wird, daß aber keine Gefahr sei, weil ... und dann die Gründe aufzählt, so ist diese Äußerung des Dichters zwar erzählungstechnisch interessant, aber an ihr gibt es nichts mehr zu »interpretieren«; sie gehört nicht mehr zur eigentlichen Thematik des Werkes, sie ist gewissermaßen keine Aussage. Nicht so bei Kafka. Der Erzähler fehlt, das Medium ist die »wichtigste« Person des Werkes, also geschieht alles ohne Brechung, in sich selbst, von sich selbst her, und alle Deutung bleibt uns überlassen.

In dem Augenblick, wo im Werk ein Erzähler auftritt, kann auch bei Franz Kafka gedeutet werden: das ist der Fall im ›Prozeß‹, als der Gefängniskaplan die Fabel »Vor dem Gesetz« erzählt. Anschließend an diese Fabel stellt Josef K. mit dem Geistlichen zusammen eine Reihe möglicher Deutungen auf. Diese Deutungen aber — und das pflegen viele Kafka-Kommentatoren zu übersehen — bleiben innerhalb des

Werkes, wenden sich nicht an uns, um uns verbindliche Auskunft zu geben, sie sind uns ebenso zur Deutung aufgegeben wie jeder andere Teil des Werkes. Ebenso, wenn sich K. im ›Schloß‹ mit Olga über das Schloß unterhält: auch diese Deutungen sind noch einmal deutbar, sind für uns bedeutungsvoll! Aus einem erscheinenden Erzähler resultiert notwendig das, was Roman Ingarden eine »doppelte Projektion von Sachverhalten« [44] nennt. In dieser »doppelten Projektion« erhält immer ein Sachverhalt durch den anderen seine Ausrichtung. Wenn Thomas Mann sich ausdrücklich als Erzähler einschaltet, »damit nicht der Leser auf eigene Hand sich allzu sehr wundere...« [45], so ist damit ein für alle Mal diese »doppelte Projektion« formal fundiert. Hier kann der Erzähler sogar mitteilen, wie er seinen Helden beurteilt wissen will [46]. Diese Auskünfte sind dann verbindlich, da sie nur als Auskünfte Sinn haben. Bei Kafka jedoch gibt es keine Person im Werk, keinen Vorgang, die für sich allein als direkte Auskunftsquelle über das Werk herangezogen werden dürften.

8. Eine weitere Folge der von Kafka geübten Erzählweise ist die Unumkehrbarkeit des Ablaufs der Erzählung. Es kann nichts vorweggenommen werden, weil kein Erzähler da ist, der vorausdeuten könnte. Das Geschehen geschieht, es ist durch nichts zu retardieren, durch nichts zu beschleunigen und durch nichts zu unterbrechen. Günther Müller [47] bestätigt dies auf seine Weise in einer Untersuchung ›Über das Zeitgerüst des Erzählens‹: Er stellt fest, daß in ›Prozeß‹ und ›Schloß‹ »Erzählzeit und erzählte Zeit« nahezu zusammenfallen. Die Barnabasgeschichte macht er hauptsächlich für die Differenz zwischen den zwei Zeiten verantwortlich; in dieser tritt ja auch ein Erzähler (Olga) auf. Trotzdem würden wir die Barnabasgeschichte keine Episode nennen. Hier tritt zwar ein Erzähler auf, aber die Geschichte, die erzählt wird, wird mit intensivster Anteilnahme K.s erzählt: er schaltet sich ein, zweifelt, fragt, spottet, klagt an und deutet; es ist eine Diskussion, ein Stück Erzählung, das sich nicht von anderen Teilen des Werkes unterscheidet. Das beweist, daß wir von Günther Müllers Fragestellung aus nicht zu einer präzisen Erkenntnis des Erzählverlaufs bei Kafka kommen können. Wir haben oben schon angedeutet, welche Wirkungen das Auftreten eines Erzählers in der Barnabasgeschichte haben kann; wir haben nur von den Folgen für die Deutung gesprochen. Daß es keine echte Episode gibt bei Kafka, daß also auch die Barnabasgeschichte nicht als solche bezeichnet werden kann, ergibt sich für uns daraus, daß der Vorgang völlig linear verläuft, weil selbst ein für kurze Zeit auftretender Erzähler den Helden nicht aus dem Auge ver-

lieren kann, da ja durch diesen erzählt wird.

Ansätze zu einer Episode gibt es bei Kafka eigentlich nur in ›Amerika‹, und zwar in Thereses Erzählung. Diese Erzählung steht in einem nur sehr lockeren Zusammenhang mit Karls Schicksal [48]. Wenn es also auch bei einem dargestellten Erzähler zu keiner Episodenbildung kommt, so treten mit diesem sichtbaren Erzähler doch Erscheinungen auf, die bei Kafka sonst völlig fehlen: hier kann zusammengefaßt erzählt werden [49], vor allem wird von einem eindeutig bestimmten Zeitpunkt aus erzählt. Das Geschehene gehört der Vergangenheit an, es ist der Wertung des jeweils Erzählenden (Olga oder Therese) zugänglich, weil der Erzähler selbst nicht mehr mitten drin steht. »Wenn man nachher weiß, daß das die letzten Küsse waren, begreift man nicht . . .«, heißt es in ›Amerika‹ (S. 151) oder: »Therese schien es jetzt im Rückblick . . .« (›Amerika‹, S. 151).

Gerade der Grad des Vergangenseins einer Erzählung ist wesentlich durch die Rolle des Erzählers bestimmt. Tritt der Erzähler auf, so wird mit ihm schon ein auch zeitlicher Punkt festgelegt, von dem aus erzählt wird. Bei Olgas Erzählung werden drei Jahre *nach-erzählt*. (Warum diese Erzählung trotzdem keine Episode ist, sagten wir schon.) Durch dieses Nacherzählen wird das Vorgetragene »Geschichte«; allerdings hebt Kafka diesen Vergangenheitscharakter durch K.s aktive Gegenwart, durch den wiederholten Hinweis auf die augenblickliche Situation wieder auf. In allen drei Romanen ist die kurze Erzählung Thereses vom Tode ihrer Mutter die einzige, die wirklich vergangen ist. Die einzelnen Romane beginnen gewissermaßen von selbst; das was erzählt wird, ist uns unmittelbar gegenwärtig: »Jemand mußte Josef K. verleumdet haben, denn ohne daß er etwas Böses getan hätte, wurde er eines Morgens verhaftet«, so beginnt der ›Prozeß‹. In dem Augenblick, in dem das Erzählen einsetzt, ist noch nicht bekannt, ob es wirklich so war, vielmehr, es ist niemand da, der das wüßte. Lediglich aus der Verhaftung könnte man annehmen, daß . . . Träte hier ein Erzähler auf, der von einem fixierbaren Zeitpunkt aus erzählt, so würde er etwa beginnen: Es hatte damals den Anschein, daß . . . Oder: Wir haben uns alle gewundert, daß Josef K. so plötzlich verhaftet wurde, denn damals, es mögen nun schon x Jahre her sein, wußte noch niemand, daß . . . [50].

Ein Erzähler, der im Werk selbst erscheint, erzählt ja meistens erst nach dem »wirklichen« Ablauf der Geschichte. Die Trennung des Zeitraumes, in dem erzählt wird, von jenem, in dem die Erzählung selbst spielt, wird meistens deutlich ausgesprochen. Thomas Mann z. B. teilt in seinem »Vorsatz« im ›Zauberberg‹ ausdrücklich mit, daß seine Geschichte den »Grad ihres Vergangenseins« »nicht eigentlich der Zeit« verdankt; ihre »hochgradige Verflossenheit« rühre vielmehr daher, daß sie »vor einer gewissen, Leben und Bewußtsein tief zerklüftenden Wende und Grenze« spiele. Damit ist die vergangenheitsbildende Kraft des Präteritums des Erzählers, des »raunenden Beschwörers des Imperfekts« [51], als Vergangenheitsform in Zweifel gezogen. Wenn nun der Erzähler das Erzählte in der Vergangenheit ansiedln will, muß er es historisieren, er muß ihm einen Platz in der allgemein bekannten geschichtlichen Vergangenheit zuweisen, denn das epische Präteritum, der Vergangenheitsmodus in der Epik, bewirkt lediglich eine ästhetische Distanzierung, die das »Fiktive« [52] des erzählten Vorgangs unterstreicht [53]. Wenden wir nun diese Überlegungen auf Kafka an, so läßt sich feststellen: bei Kafka fehlt der Erzähler, also fehlt der zeitlich fixierbare Punkt, von dem aus erzählt wird; da der Vorgang selbst außerhalb jeder bekannten Vergangenheit spielt, gewinnen diese Romane eine Gegenwärtigkeit, die der epischen Dichtung sonst fremd ist.

Emil Staiger hält es für ein Wesens-Apriori jeder epischen Dichtung, daß sich der Epiker nicht »erinnernd in das Vergangene vertieft« wie der Lyriker, sondern daß er »gedenkt«; und gerade »im Gedenken« bleibe der »zeitliche wie räumliche Abstand erhalten« [54]. Diese Ansicht — sie ist ziemlich allgemein — geht letztlich auf Goethes Forderung zurück, daß der Epiker »die Begebenheit als vollkommen vergangen« vortragen müsse [55]. Staiger bildet diese Ansicht nun fort: die zeitliche Ferne wird durch die Leistung des Dichters vergegenwärtigt. Das anschauliche »Gegenüberstellen« Staigers, das die epische Dichtung im Modus der Vorstellung zugänglich macht, ergänzt Käte Hamburger, indem sie die Synonyma zu »Vorstellen« in diesen Zusammenhang einbezieht; diese Synonyma sind eben »vergegenwärtigen«, »repraesentare« [56].

Dann wäre die intensive Gegenwärtigkeit der Kafkaschen Epik keine Ausnahme, Gegenwärtigkeit wäre vielmehr ein generelles Postulat, jeder Epik aufgegeben? Wo bleibt aber dabei Goethes Forderung nach der vollkommenen Vergangenheit der epischen Begebenheit? In der Feststellung, daß im »Gedenken« der zeitliche Abstand erhalten bleibe, daß aber die zeitliche Ferne doch vergegenwärtigt werde, da ja der »Gegenstand« in der Vorstellung uns »vor Augen« trete [57], scheint doch ein Widerspruch zu liegen. Ein Widerspruch, den Staiger nicht weiter bedenkt (»Gegenüber bleibt das Geschehen auch insofern, als es vergangen ist«) [58], den Käte Hamburger dadurch zu lösen versucht, daß sie die zeitliche Ferne überhaupt nicht anerkennt und nur von der vergegenwärtigenden Kraft der epischen Dichtung spricht.

Drei verschiedene Auffassungen der »Zeit« scheinen meines Erachtens hier nicht genügend klar auseinandergehalten zu werden:

1. die »Verlebendigung«, die anschauliche Darstellung der Gegenstände wird als Vergegenwärtigung, als ein präsentisches Setzen gesehen. Dadurch wird

2. die zeitliche Ferne als überwunden erklärt, also ist immer vorausgesetzt, daß eine zeitliche Ferne bestand, daß das Werk in der Vergangenheit angesiedelt war;

3. die Zeit, die als Zeitigendes, als Ablauf oder Entwicklung in das Werk eingegangen ist, die das Werk selbst um die Dimension »Vergangenheit« bereichert, wird zu wenig beachtet.

Punkt 1 können wir sofort aus der Diskussion ausschalten, denn das Vorstellbarmachen ist eine Forderung, die jeder Dichtung im gleichen Maße gestellt ist [59]. Die Verbindung der Synonyma »vorstellen« und »vergegenwärtigen« oder »repraesentare« wirkt irreführend, weil es sich im Vorstellbarmachen gar nicht um eine vergegenwärtigende Leistung handelt, die Konsequenzen für den Zeitcharakter eines Werkes haben könnte. Dieses Quasigegenwärtige der Dichtung sollte im Zusammenhang mit dem Wirklichkeitscharakter erörtert werden und nicht hier!

Die zeitliche Ferne nun (Punkt 2), die Vergangenheit, in der das Werk angesiedelt sein kann: sie wird vorzüglich durch den erscheinenden Erzähler fundiert, der eine qualitative Differenz zwischen »jetzt« und »damals« explicite zum Ausdruck bringt; die Vergangenheit, in der das Werk »spielt«, kann auch durch sogenannte inhaltliche Momente deutlich gemacht werden. Ein episches Werk, das mit diesen Elementen arbeitet, darf diese Vergangenheit gar nicht zu vergegenwärtigen suchen.

Daß ein episches Werk, ein Roman, im Vollzug seiner eigenen Gesetzlichkeit vergangenheitsanreichernd wirkt, versteht sich ohne weitere Erörterung (Punkt 3). Auf Kafka bezogen, ergibt sich aus diesen Voraussetzungen: in seinen Romanen fehlt der Erzähler, also fehlt die Distanzierung zwischen dem, was gerade geschieht und dem, der gerade erzählt, das heißt, es fehlt die für die Epik fundamentalste zeitliche Distanzierung. Im Werk selbst fehlt ferner jeder Hinweis, der das Aufkommen einer qualitativen Differenz zwischen dem »Damals« der Erzählung und dem »Jetzt« eines nachträglichen Erzählens oder Lesens begünstigen könnte; das heißt, Kafkas Werk »spielt« außerhalb jeder bekannten historischen Vergangenheit oder Gegenwart. Es fehlt weiterhin die Dimension der Vergangenheit im Werk selbst: auch das ist letzten Endes ein »Verdienst« des nicht erscheinenden Erzählers.

In dieser Dichtung fehlt also jeder natürliche Zeitbezug. Hier war das nur insoweit zu klären, als es mit dem fehlenden Erzähler zusammenhängt.

9. Damit sind die wesentlichen Formen erörtert, die Kafka dadurch bewirkt, daß er auf die Repräsentation einer »breiten« Welt durch einen souveränen Erzähler verzichtet. Als die wesentlichen Ergebnisse wären festzuhalten: *fortschreitende Verabsolutierung des Eindrucks im Helden und damit für den Leser, das heißt, ein Überhandnehmen ungesicherter Deutungen, deren bevorzugter Modus der Konjunktiv ist; Entfaltung des Werkes von sich selbst her als unumkehrbarer, linearer, kommentarloser und außerhalb jedes natürlichen Zeitbezuges verlaufender Vorgang.*

»Breit« im Sinne mannigfaltiger Fülle ist die in dieser Weise erzählte Welt nicht. Das Erzählen selbst aber ist — und damit ist es auch die erzählte Welt — intensiv. Sartre schlägt vor, die »Schönheit nicht mehr durch die Form« oder die »Materie« zu belegen, sondern durch die »Dichte des Seins« [60]. »Wir wünschten«, sagt er, »daß unsere Bücher sich ganz von selbst in der Luft hielten und daß die Worte . . . einsam und unmerklich zu Schlitten würden, die die Leser mitten in ein zeugenloses Universum beförderten . . .« Das ist die Situation der Kafkaschen Epik, die den allwissenden Erzähler, den erscheinenden Erzähler überhaupt, verabschiedet hat.

III. Die Funktionalität der Figuren als ihre Charakteristik

1. Vorbemerkung

Die Menschen, auf die der Held in Kafkas Dichtung trifft, die wir mit ihm und durch ihn sehen, sind, das fällt sofort auf, nicht »wahr« im psychologischen Sinne, sie sind nicht »wirklich« im empirischen, nicht »menschlich« im anthropologischen und nicht »natürlich« im biologischen Sinne. Sie sind lediglich notwendig innerhalb ihrer Welt. Sie zeichnen sich, wie diese, vorwiegend durch ihre Geschaffenheit aus. Die Ordnung dieser geschaffenen Welt [1] ist ihre Organisation, das Charakteristikum dieser »Menschen«, wir nennen sie besser »Figuren«, ist ihr Platz, ihre Funktion in der organisierten Welt. In allen drei Romanen lassen sich die gleichen Stufen, man könnte auch sagen: Klassen der organisierten Welt nachweisen.

Um die Organisation dieser geschaffenen Welt, vor allem die Figuren, die sie herausstellt, beschreiben zu können, müssen wir die Themen der einzelnen Werke beschreiben.

In ›Amerika‹ ist das Thema das Scheitern Karl Roßmanns in einer Welt, in der seine mitgebrachten Begriffe von Recht und Unrecht nicht gelten. Die dargestellte Welt, sie ist hier noch nicht in dem Maße eine geschaffene wie in den zwei späteren Werken, ist zu keinem anderen Ende organisiert: sie ist so eingerichtet, daß Karl Roßmann unterliegt.

(Wenn wir nunmehr die einzelnen Figuren der Kafkaschen Welt in ihrer Funktionalität zu erkennen suchen und immer wieder Sein und Sinn der Gesamt-Organisation herausstellen, so soll natürlich das Werk nicht als ein bloßes Gebäude der Zweckmäßigkeit erscheinen. Wir können die Werte der poetischen Existenz dieser Werke nicht als solche in eine Untersuchung hineinbringen, wenn wir deren »Machart« auseinanderlegen wollen.)

2. Parallelfiguren

Dem Heizer geschieht Unrecht. Das ist der einzige Grund, warum sich Karl für ihn interessiert. Er will ihm zu seinem Recht verhelfen und erlebt dabei den exemplarischen Beweis, daß Recht und Unrecht in der Welt, in der er gerade angekommen ist, nicht nach seinen Maßen geschieden werden [2]. In diesem ersten Kapitel (»Der Heizer«) ist Karl noch nicht der unmittelbar Betroffene, aber er ist der einzige, dessen Rechtsempfinden verletzt wurde. Der Heizer, der mehr von seinen brachialen Kräften erhofft als von seinem guten Recht, ist dieser Empfindung offenbar nicht fähig [3]. Therese ist schon in einer deutlicheren Parallelität zu Karls Schicksal entworfen; aber durch das Episodische ihrer Erzählung, durch die völlige Vergangenheit ihrer Erlebnisse (s. o.) ist auch ihre Verbindung zu Karl noch nicht in dem Maße als Parallelität wirksam, wie es bei den späteren Parallelfiguren der Fall ist.

In den strenger organisierten Welten der zwei anderen Romane entsprechen dem Heizer und Therese der Kaufmann Block im ›Prozeß‹ und der alte Barnabas im ›Schloß‹. Der Kaufmann Block wird als ein »kleiner, dürrer Mann mit Vollbart« geschildert (›Prozeß‹, S. 178). Viel mehr aber sagt über ihn aus, wie sich Josef K. ihm gegenüber fühlt: » . . . so frei, wie man es sonst nur ist, wenn man in der Fremde mit niedrigen Leuten spricht . . .« (›Prozeß‹, S. 179). In gleichem Maße steigt das Selbstbewußtsein Karl Roßmanns, wenn er dem Heizer gegenübersteht. Er fühlt sich dabei » . . . so kräftig und bei Verstand, wie er es vielleicht zu Hause niemals gewesen war« (›Amerika‹, S. 29). Der Heizer ist buchstäblich das, was Josef K. bei Block empfindet: er gehört zu den »niedrigen Leuten«. Und K. im ›Schloß‹, der sonst wachsam und vorsichtig auftritt, weil er fremd ist, weil er geheime Pläne hat, er wird, als er in die Wohnung der Barnabas kommt, plötzlich souverän und denkt, »diese Familie mußte ihn hinnehmen, wie er war, er hatte gewissermaßen kein Schamgefühl vor ihr« (›Schloß‹, S. 45). Josef K. verachtet den Kaufmann, um seine eigene Situation von der Blocks zu unterscheiden. Beide sind Angeklagte, aber das will Josef K. nicht wahrhaben. Ebenso im ›Schloß‹: die Barnabas sind im Kampf gegen das Schloß unterlegen. K. kämpft noch, er will diese Unterlegenen verachten, weil er sie dadurch von sich unterscheidet, und sich selbst bestätigt, daß er nicht so ist, wie die, die unterliegen konnten. Noch ein Gesichtspunkt ist für die Zeichnung dieser Parallelfiguren wichtig: solange die K.s (hier: Josef K. und K.) diese Parallelfiguren nur für Unterlegene halten, bemühen sie sich, diese zu verachten [4]; sobald sie aber sehen, daß der Kaufmann einerseits und die Barnabas andererseits trotz ihrer fast oder ganz vollendeten Niederlage im Kampf, für sie, die K.s, wertvoll werden können durch die Erfahrung, die sie gesammelt haben, ändert sich ihr Verhalten. Die K.s wollen diese Erfahrungen für sich nutzbar machen; in dieser neuen Einschätzung des Kaufmanns und der Barnabas (›Prozeß‹, S. 191 und ›Schloß‹, S. 251) wird die Funktionalität dieser Parallelfiguren, die vorher nur als Parallelität des Schicksals vorhanden war, in der tätigen Ausnutzung durch die K.s sichtbar gemacht. Hier wird es nun ungleich deutlicher als in der Heizergeschichte und in Thereses Erzählung, daß diese Figuren nahezu lückenlos auf ihre Funktion hin angelegt sind. Wir erfahren kein Wort über die Persönlichkeit des alten Barnabas, kein Wort über das Leben Blocks, das nicht in deutlichem Parallel-Zusammenhang mit dem Prozeß Josef K.s oder mit den Wirkungen des Schlosses stünde. Wenn von der mächtigen und angesehenen Stellung erzählt wird, die die Familie Barnabas ehemals im Dorf innehatte (›Schloß‹, S. 232) und von den einstmals ein ganzes Stockwerk ausfüllenden Büroräumen Blocks (›Prozeß‹, S. 184), dann nur, um sie dem jetzigen Paria-Dasein der Barnabas und der Schattenexistenz, die Block in seiner kleinen Kammer und in dem Verschlag in der Küche des Advokaten fristet, gegenüberzustellen. Was das Schloß vermag und was ein Prozeß bewirkt, das sehen die K.s an ihren Parallelfällen, an Block, der oft tagelang in dem »niedrigen fensterlosen Raum« (›Prozeß‹, S. 193) unleserliche Prozeßschriften studiert und an dem alten Barnabas, der, durch seine völlig ergebnislosen Anstrengungen schwachsinnig geworden, Tag für Tag vor das Dorf hinauszieht, um unter unsinnig-erbärmlichen Umständen sein sogenanntes Recht zu erkämpfen (›Schloß‹, S. 252). Josef K. und K. werden Zeugen der endgültigen Wirkungen: Block muß nach fünfjährigen, alles verzehrenden Anstrengungen erfahren, es sei durchaus möglich, daß das Glockenzeichen zum Beginn seines Prozesses vielleicht noch gar nicht gegeben wurde (Prozeß, S. 207)! Die zwei alten Barnabas sieht K. vor sich, schwachsinnig, körperlich ruiniert, wieder zu pflegebedürftigen Kindern geworden und geplagt von quälenden Vorstellungen (›Schloß‹, S. 253).

So werden diese Parallelfiguren gezeichnet; ihnen wird ein Platz zugewiesen: fortgeschrittener Angeklagter, bestrafter Aufrührer gegen das Schloß; eine andere Funktion haben sie nicht. Aber als Vertreter dieser Stufe der organisierten Welt werden sie vollständig »vorgeführt«. Bis in jede einzelne Bewegung hinein ist diese Zeichnung durchgeführt; ihre Art sich zu bewegen ist nur Kriechen, unendlich langsames Gehen usw. Daß es sich um eine wirkliche Klasse handelt, wird in ›Schloß‹ von Anfang an durch das Verhalten der Umwelt den Barnabas' gegenüber deutlich. Im ›Prozeß‹ wird die Parallelität von Block Schicksal durch ein ganzes Kollektiv erweitert; daß es sich auch hier um eine Klasse handelt, die in ihrer Erscheinungsweise auf K. hin angelegt ist, versuchen wir in einer Überlegung über die Charakterisierungsweise der Kollektive in den zwei späteren Romanen zu erweisen.

3. Kollektive

Es ist für Josef K. bedeutsam, daß die Angeklagten, die die unabsehbaren Dachböden der Vorstadt füllen, alle aus den »höheren Schichten«
(›Prozeß‹, S. 73) zu kommen scheinen. Es ist ebenso bedeutsam, daß
sie als Angeklagte zu einem neuen Stand, zu einer Klasse geworden
sind. Wie jede Klasse in der organisierten Welt Kafkas erscheint auch
diese in einer gewissermaßen für sie typischen Haltung: geneigte Rük-
ken, geknickte Knie, das ist die Folge des langen Wartens in den niederen Dachböden (›Prozeß‹, S. 73 u. S. 176). Sie haben eigene Standes-
regeln entwickelt, einen eigenen Aberglauben (›Prozeß‹, S. 185); sie
trösten und peinigen sich mit der Formel, daß das Warten nicht nutz-
los ist, wohl aber das »selbständige Eingreifen«. Das fortwährende Be-
schäftigtsein ist nötig, denn, so heißt eine andere Regel: »für den Ver-
dächtigen ist Bewegung besser als Ruhe, denn der, welcher ruht, kann
immer, ohne es zu wissen, auf einer Waagschale sein und mit seinen
Sünden gewogen werden« (›Prozeß‹, S. 203). Sie haben sogar ihren
Standesstolz; Block hält sich offensichtlich für einen besseren Angeklagten als K., weil er auf allen vieren zum Bett des Advokaten hin-
kriecht, während K. ruhig sitzen bleibt, obwohl er doch auch einen
Prozeß hat (›Prozeß‹, S. 203).

Was diese Angeklagten sonst sind oder waren, ist völlig bedeutungslos;
da durch K. erzählt wird, er sie aber nur als Angeklagte sieht, haben
sie als Figuren in der geschaffenen Welt für uns keine Eigenschaften
mehr; sie sind keine Bürger mehr: im Angeklagt-Sein geht ihr Dasein
auf. Unterschiede gibt es nur noch hinsichtlich des mehr oder minder
gut verlaufenden Prozesses, der mehr oder weniger gut gemachten
Eingaben usw. [5]. Kafka braucht keine anderen Charakterisierungs-
mittel; es genügt, wenn er eine Figur mit wenigen Strichen in eine
Stufe der organisierten Welt einschiebt. Sie wird dann durch die zu-
gewiesene Stelle genügend scharf profiliert. Diese Angeklagten finden
als Kollektiv eine Entsprechung im ›Schloß‹ in den Dorfbewohnern.
Auch diese Dorfbewohner gibt es wesenhaft nur in der Mehrzahl. Wie
ich die Angeklagten bewußtlos ihrem Aberglauben, ihren codifizier-
baren Sentenzen überlassen, »so arbeiten die Leute (im Dorf) an ihrer
eigenen Verwirrung« (›Schloß‹, S. 212). »Schloßgeschichten« werden erfunden; »es gibt hier Leute, die sich von solchen Geschichten nähren«
(›Schloß‹, S. 238). Wie die Angeklagten, trösten und »traktieren«
(›Schloß‹, S. 238) sie sich damit. K. spürt, daß er »ununterscheidbar«
von den Bauern« (›Schloß‹, S. 35) werden muß, wenn er sich hier hal-

ten will. Es ist immer nur von »den Leuten«, »den Bauern« die Rede.
Auch sie haben natürlich ihren Aberglauben (›Schloß‹, S. 218) und vor
allem ihre ganz bestimmten Bewegungsrhythmen: ihr kollektives Drängen, ihr gruppenhaftes Reagieren, ihr scheues und verschlagenes Zusam-
menflüstern, ihre stumpfe, ängstliche Kindlichkeit, darin liegt ihr Wesen [6]. K. kann sie beschreiben, in dieser Beschreibung ihr ganzes
zes Dasein zusammendrängen in einem Satz, und dabei lediglich im
Singular sprechen: es gilt für alle! Er beginnt mit »ihren förmlich ge-
quälten Gesichtern« und fährt weiter im Singular: »der Schädel sah
aus, als sei er oben platt geschlagen worden und die Gesichtszüge hätten sich im Schmerz des Geschlagenwerdens gebildet...« (›Schloß‹,
S. 34). »Wie gedemütigt sie sein müssen« (›Prozeß‹, S. 73), hatte Josef
K. gedacht, als er zum ersten Mal Angeklagte sah. Dieser Eindruck
würde lückenlos auch auf die Dorfbewohner passen. Ihre gesichtslose
Demut muß K. die Macht des Schlosses demonstrieren; das ist die laten-
te Funktion dieses Kollektivs, wie es die Funktion der Angeklagten-
Klasse war, Josef K. vorzuführen, was ein Prozeß aus einem »Menschen« machen kann.

4. Begleiter

Die Figuren, denen wir uns nun zuwenden, sind daraufhin angelegt
den jeweiligen Helden, dem sie beigegeben sind, von sich selbst, vor
seinem Ziel abzubringen.
Karl in ›Amerika‹ sucht eine Arbeit mit Aufstiegsmöglichkeit. Der Motor seiner Unternehmungen und ihr Maßstab ist die Erinnerung an
seine Eltern. Delamarche und Robinson raten ihm in der ersten Stunde
ihrer Bekanntschaft, sein »schönes Kleid« zu verkaufen; ehe er sich
richtig entschließt, ziehen sie es ihm aus und »tragen es davon« (›Amerika‹, S. 106). Dann bringen sie ihn um die Photographie seiner Eltern
(›Amerika‹, S. 126f.). Das Kleid sowohl wie auch die Photographie
waren für Karl eine ganz reale Verbindung an seine Vergangenheit
an seine Herkunft. Er will sich von diesen Gegenkräften trennen. Er
will nicht in das Innere des Landes, da er sich an der Küste, am Meer
seiner Heimat, seinem Rechtshorizont näher fühlt. Die beiden Landstreicher lassen es nicht zu (›Amerika‹, S. 110). Obwohl sie für Karl
abschreckende Beispiele (›Amerika‹, S. 141) sind, gelingt es ihm nicht
sich von ihnen zu trennen. Als Karl durch die Oberköchin vorüber
gehend in einen Bereich eintritt, der ihm Ordnung zu verbürgen scheint

sagt er sich sofort, daß er hier seine »Kameraden« nicht mitnehmen
kann: »Robinson würde alles verunreinigen und Delamarche unfehl-
bar selbst diese Frau (die Oberköchin) belästigen« (›Amerika‹, S. 122).
Später geschieht dies tatsächlich (›Amerika‹, S. 161 ff.).
Ihr Aussehen, ihr Gehabe und ihre Bewegungen konstituieren einen
auch in den anderen Werken immer wiederkehrenden Erscheinungs-
kodex für »Begleiter«! »Unordentliche Bärte hingen ihnen ums Kinn«
(›Amerika‹, S. 102), stellt Karl gleich zu Anfang fest. Sie »zupfen«
der Zimmerfrau am Rock und »beklopfen ihren Rücken« (›Amerika‹,
S. 106). Sie lieben es, mit »ausgestrecktem Zeigefinger« zu deuten
(›Amerika, S. 111), sie äußern sich in aufgescheuchten und dann plötz-
lich erstarrenden Bewegungen und Gebärden (›Amerika‹, S. 111 u.
S. 112).
Delamarche und Robinson sind allerdings noch nicht in dem Maße
Figuren wie die späteren Begleiter; es finden sich in ihnen noch Spuren
psychologischer Charakteristik. Die Ordnung, die sich in ihnen manifestiert, die Gegenwelt Karls, ist noch nicht in dem Maße als geschlossene
Erscheinung existent, wie die Ordnungen im ›Prozeß‹ und im ›Schloß‹.
Delamarche und Robinson sind ebenso noch zwei Einzelwesen, wie sie
eine Manifestation all dessen sind, was Karl vermeiden will. Die Gegenwelt bedarf noch dieser »Typen«, um zu erscheinen. Im notwendigen Gang der Entfaltung der Kafkaschen Kunst konstituiert sich die
Gegenwelt der K.s immer reiner, ohne dann noch der trübenden Reali-
sierung durch noch selbständige Wesen zu bedürfen. Während hier der
Grad der Verschiedenheit der Welten durch den Unterschied Karls von
den Charakteren Delamarches und Robinsons gemessen wird, ist diese
Verschiedenheit später verabsolutiert und die Gegenwelt wird nicht
mehr durch die Figur, sondern die Figur durch ihren Rang in der Gegenwelt, durch ihre Funktion, die sie hinsichtlich K.s im Auftrag dieser
Gegenwelt erfüllt, charakterisiert.
Die reineren Entsprechungen finden sich denn auch im ›Schloß‹, nicht
ganz so ausgeprägt im ›Prozeß‹ und dann auch in der Erzählung
›Blumfeld ein älterer Junggeselle‹, die wir hier zum Vergleich heranziehen.
Im ›Prozeß‹ sind es die drei niedrigen Bankbeamten Rabensteiner,
Kullich und Kaminer, die als »Begleiter« eingesetzt werden. Mit ihnen
drängt sich die Welt der Dachböden und Kanzleigänge in die saubere
und stets ordentlich aufgeräumte Bank. Nachdem Josef K. zum ersten
Mal von seinem Prozeß erfahren hat und wieder in die Bank will,
drängen sich diese drei Begleiter an ihn heran, um ihn »zu zerstreuen«

(›Prozeß‹, S. 26). Mit dieser Zerstreuung versuchen alle Begleiter die
Kafkaschen Helden von sich selbst abzubringen. Die Gehilfen im
›Schloß‹ haben den Auftrag, K. ein wenig zu »erheitern« (›Schloß‹,
S. 270). Zerstreuung ist auch das Ziel der beiden Landstreicher in
›Amerika‹.
Bezeichnend für die Funktionalität der Begleiter ist, daß die Kafka-
schen Helden diese Begleiter nicht selbst wählen können. K. im ›Schloß‹
bezeichnet seine Gehilfen als »vom Schloß hergeblasene Jungens«
(›Schloß‹, S. 291); er muß sich ausdrücklich darüber belehren lassen,
daß sie ihm nicht »zugelaufen« sind, sondern »zugeteilt« (›Schloß‹,
S. 78). Ebensowenig wie die Gehilfen »bedenkenlos herabge-
schneit« (›Schloß‹, S. 78) sind, sind Blumfeld die »Praktikanten«
»bedenkenlos« zugeteilt worden. Die Zuteilung hat also einen ganz
bestimmten Sinn, das heißt, daß die Begleiter eine Funktion haben.
Dieser Funktion entsprechend sind sie auch ausgerüstet: es sind »un-
charakteristische, blutarme, junge Leute« (›Prozeß‹, S. 25) oder auch
»läppische Jungen« (›Schloß‹, S. 165), »junge Burschen, lustig und etwas
einfältig« (›Schloß‹, S. 150). Zu welchen Aufgaben solche Begleiter tau-
gen, ist leicht einzusehen, wenn man die Skala ihrer Ausdrucksmöglichkeiten kurz überfliegt: die »öde sinnlose Lebhaftigkeit« Kaminers, das
»Herumhüpfen« und »Armausstrecken« (›Schloß‹, S. 167) der Gehilfen,
deren Fleisch »manchmal den Eindruck machte, als sei es nicht recht
lebendig« (›Schloß‹, S. 272), ihr »elektrisierter Gang« (›Schloß‹, S. 269),
ihr »Winseln« und An-die-Scheibenklopfen, ihr Lispeln, Kichern,
Seufzen, Starren, Lächeln und Grinsen, das sind ihre Gebärden [7].
Die noch menschlich begrenzte Lüsternheit Delamarches und die gemei-
ne, genußsüchtige Hilflosigkeit Robinsons, die schon für Karl eine andauernde, nicht psychologisch faßbare, sondern gewissermaßen eine metaphysische Belästigung sind, werden in den Praktikanten und in den
Gehilfen zu reinen Ausdruckskräften der Lähmung, der Zermürbung,
der Verwirrung und Zerstreuung organisiert. Sie drohen die Existenz
der Helden auf dem leichtesten und lächerlichsten Wege aufzuheben.
Der Ernst, mit dem Kafkas Helden an die Arbeit gehen, zerbricht an
dieser »Mischung von Furcht und Selbstzufriedenheit, gegen die man
wehrlos ist« [8]. Ihre interesselose, völlig mechanische Einigkeit ver-
leiht ihrem »Dasein eine gewisse Macht«, vor allem weil ihre Opfer
nicht genau wissen, wem sie diese Begleiter zu verdanken haben. Josef
K. kann sich des Gedankens nicht erwehren, daß die drei Beamten geschickt seien, ihn zu beobachten. Diese Begleiter sind ja ausdrückliche
Laien auf den Gebieten, auf denen sie gebraucht würden. In der Ge-

schichte von Blumfeld heißt es: »Man hätte glauben können, Ottomar (der Fabrikant) habe eingesehen, er könne seine Mißachtung der Abteilung (Blumfelds) noch deutlicher als durch die Verweigerung der Praktikanten, durch Gewährung dieser Praktikanten zeigen.« Die Gehilfen im ›Schloß‹ haben von der Landvermesserarbeit keine Ahnung. Aus all dem ergibt sich, daß ihre Funktion den Helden gegenüber nicht die ist, um derentwillen sie scheinbar geschickt sind, sondern daß sich ihr Auftrag nur darauf erstreckt, daß sie die Helden überhaupt begleiten; und als Begleiter sind sie dann so angelegt, in Bewegung, Gebärde usw., daß sie ihre Funktion, die Helden von sich selbst abzubringen, ihre Arbeit zu stören, auch wirklich erfüllen [9]. Karls Pläne in Amerika werden letztlich durch die beiden Landstreicher zunichte gemacht; die Praktikanten Blumfelds hindern seine Arbeit in einem geradezu vernichtenden Ausmaße; die Gehilfen K.s tragen nicht weniger dazu bei, daß dieser von Unternehmung zu Unternehmung scheitert.

Wenn Kafka seine Figuren durch ihre Funktion charakterisiert, so müßten diese Figuren eigentlich ihr Charakteristikum verlieren, wenn sie aus ihrer Funktion dem Helden gegenüber heraustreten. Dies ist nur einmal der Fall, und zwar im ›Schloß‹, als die Gehilfen von K. entlassen werden. Mit dieser Entlassung treten sie aus ihrer Funktion heraus und damit ändert sich auch ihr Wesen und ihr Wesensausdruck. Diese Verwandlung erfolgt gewissermaßen schlagartig. K. erkennt den einen Gehilfen nicht mehr wieder: »er schien älter, müder, faltiger, aber voller im Gesicht, auch sein Gang war ganz anders als der flinke, in den Gelenken wie elektrisierte Gang der Gehilfen ...« (›Schloß‹, S. 269). Der Auftrag hatte Artur und Jeremias zu einem Gehilfenpaar vereinigt, jetzt, da sie von K. auseinandergerissen wurden durch die Entlassung, jetzt ist auch »die fröhliche Jugend dahin« (›Schloß‹, S. 269). Würde das Amt eines Begleiters einem anderen übertragen werden, so würde er zweifellos die gleichen Gebärden und Ausdrucksmöglichkeiten übernehmen müssen, da er ja ohne diese seine Funktion als Begleiter im Sinne der Gesamt-Konstruktion der organisierten Welt nicht erfüllen könnte.

Diese Bestätigung unserer Behauptung, daß die Funktion die Figur charakterisierte, findet sich in einer Andeutung auch im ›Prozeß‹, ja sogar schon in ›Amerika‹: Sobald Josef K. seine drei Begleiter in der Bank zu sich kommen läßt, bemerkt er an ihnen nichts mehr, sie sind »wieder in die große Beamtenschaft der Bank versenkt« (›Prozeß‹, S. 28); aber wenn er am Sonntagvormittag in die Vorstadt hinausläuft,

um zur ersten Untersuchung zu gehen, tauchen sie wieder auf, und
zwar sind ihre Gebärden wieder die gleichen wie beim ersten Treffen
in K.s Wohnung: sie fahren »quer über K.s Weg«, beugen sich »neu-
gierig über die Brüstung« und sehen ihm nach (›Prozeß‹, S. 43). Hier
sind sie also wieder die beunruhigenden Schattenfiguren.
Auch Delamarche verändert sich, nachdem Karl die Landstreicher ver-
lassen hat: sein Gesicht ist bei einem späteren Zusammentreffen, im
Gegensatz zu früher, mit einem Male »peinlich rein« und seine Augen
»stolz« und »respekteinflößend« (›Amerika‹, S. 206).

5. Frauen

Arbeiten die Begleiter durch ihre unfaßbare spielzeughafte Körperlichkeit, durch ihr bloßes Dabeisein gegen alles, was die K.s unternehmen, so suchen sich die K.s ihrerseits Trümpfe zu verschaffen, indem sie sich an einflußreiche Frauen klammern. Auch hier wird es wieder ganz deutlich, daß es in dieser organisierten Welt auf die Rolle,
die man spielt, ankommt; nicht auf das Innere, sondern auf das, was
einem anhaftet, auf die Funktion.
»Ich werbe mir Helferinnen, dachte er fast verwundert, zuerst Fräulein Bürstner, dann die Frau des Gerichtsdieners und endlich diese kleine Pflegerin« (›Prozeß‹, S. 119), so rekapituliert Josef K. seine Er-
werbungen. An Fräulein Bürstner fand er in dem Augenblick Gefallen,
als sein Prozeß begann und er hörte, daß sie sich für Gerichtssachen
»ungemein« interessiere, ja, daß sie sogar als »Kanzleikraft in ein
Advokatenbüro« eintreten wolle (›Prozeß‹, S. 36). Wenige Stunden
vorher spricht er noch »von einem Fräulein Bürstner, einer Schreib-
maschinistin« (›Prozeß‹, S. 20).
Auch der Frau des Gerichtsdieners gegenüber wird Josef K.s Absicht
ganz deutlich: er will ihr helfen, »nicht etwa aus Nächstenliebe«, sondern weil sie ihm auch helfen könnte (›Prozeß‹, S. 61). Mit Leni, der
kleinen Pflegerin, schließt er eine ähnliche Abmachung (›Prozeß‹, S.
116ff.). Sie wirft ihm aber bald vor, daß er undankbar sei; sie will
keinen anderen Dank für ihre Hilfe, als daß er sie liebt; Josef K.s
Reaktion: »Dich lieb haben? dachte K. im ersten Augenblick, erst dann
ging es ihm durch den Kopf: Nun ja, ich habe sie lieb« (›Prozeß‹, S.
192).
K. im ›Schloß‹ muß noch viel härtere Vorwürfe hören. Sein Werben für
Frieda ist von der ersten Sekunde an planmäßig darauf angelegt, sich

in ihr eine Waffe, ein Pfand zu verschaffen: sie ist die Geliebte eines
Schloßbeamten; und zwar gerade desjenigen Beamten, von dem für
K. alles abhängt. Er will durch Frieda »eine fast körperliche, bis zur
flüsternden Verständigung nahe Beziehung zu Klamm« schaffen
(›Schloß‹, S. 380; gestr. Stelle). Frieda bemerkt es auch schon nach den
ersten Worten K.s, daß er sie von Klamm »abziehen« will (›Schloß‹,
S. 52). Als Klamm dieses Verhältnis entdeckt, denkt K.: »Was konnte
er nun von Frieda erwarten, da alles verraten war?« (›Schloß‹, S. 56)
Frieda erkennt dies ganz klar: »Mein einziger Wert für dich ist, daß
ich Klamms Geliebte war« (›Schloß‹, S. 183). Nun klammert sich K. an
die Dorfweisheit, daß eine Frau, die Klamm einmal zu seiner Geliebten
gemacht hat, diesen Rang niemals verlieren kann (›Schloß‹, S. 99).

Hier zeigt sich der Funktionalismus als Grundlage der Charakteri-
sierung wieder in deutlichster Form: in dem Augenblick, in dem Frieda
Klamm verläßt, in dem sie aus der Stufe einer Beamten-Geliebten her-
austritt, verändert sich auch ihr Aussehen, verändert sie sich selbst. Die
Frau, die »die Nähe Klamms so unsinnig verlockend gemacht« hat, in
K.s Händen verliert sie alles (›Schloß‹, S. 162). Wenn es ein wirklicher
Rang gewesen wäre, etwas was ihr »Inneres« verändert hätte, dann
wäre es unmöglich gewesen, daß schon nach wenigen Stunden die
»Sieghaftigkeit«, die K. beim ersten Zusammentreffen so aufgefallen
war (›Schloß‹, S. 49), völlig aus ihren Augen verschwand (›Schloß‹, S.
62). Von der »Frische und Entschlossenheit, welche ihren nichtigen
Körper verschönt« hatte, war nichts mehr übrig geblieben. So wie
Jeremias plötzlich alt wurde, so verwelkt auch Frieda, das heißt, sie
wird wieder, was sie war, ehe sie Klamms Geliebte wurde: ein »un-
scheinbares, kleines blondes Mädchen mit traurigen Augen und mageren
Wangen« und einem »armen Körper« (›Schloß‹, SS. 49 und 51). Es
zeigt sich also auch hier, daß Kafka seine Figuren keine »seelischen«
Verwandlungen durchmachen läßt. Bei ihm gibt es nur Veränderungen;
Veränderungen des jeweiligen Ranges und damit Veränderungen des
Ausdrucks, mit dem die Figur im Werk erscheint. Der Rang, die Stufe
in der organisierten Welt, ist das einzige und hinreichende Charakteristikum, das sich bis in die letzte Bewegung, bis in die feinsten Gebärden
auswirkt. Ein ähnliches Projekt verfolgt K. mit dem »Mädchen aus dem
Schloß« [10]. Auch diese Frau will er in seinem Kampf einsetzen, weil
»alles benützt werden muß, was irgendwie Hoffnung gibt« (›Schloß‹,
S. 189). Ja, K. »benützt« die Frauen wie Werkzeuge. Wir erfahren von
diesen Frauen nichts, was nicht in funktionalem Zusammenhang von
Bedeutung ist. So bemüht sich Kafka kaum, zwischen Leni und der Frau

des Gerichtsdieners wesentliche Unterschiede in der äußeren Erscheinung
zu fixieren. Die eine hat »schwarze, leuchtende Augen« (›Prozeß‹,
S. 46f.), die andere »große schwarze Augen« (›Prozeß‹, S. 109)! Was
ausführlich dargestellt wird, das ist der funktionale Wert, der in der
Güte der Beziehungen zu den Beamten besteht.

Nun ist natürlich zu bedenken, daß sich die Funktionalität der Figuren
nicht in allen Fällen so von sich selbst her zeigt wie bei den Frauen;
in den genannten Fällen »benützen« ja die K.s diese Funktion als solche.
Die instrumentale Verwendung der Stellung dieser Frauen ist im Werk
ausgesprochen und praktisch im Vorgang verwirklicht. Die anderen
Figuren müssen meistens in ihrem Organisationszusammenhang aufgesucht und als Funktionsträger gezeigt werden. Das heißt, es ist alles
zu untersuchen, was über sie gesagt wird, was sie selbst sagen; dabei
zeigt es sich dann immer, daß alle Einzelzüge, die bekannt werden, nur
darauf hinauslaufen, eine einzige Funktion zu charakterisieren. So ist
die Brückenhof-Wirtin die gewesene Beamten-Geliebte par excellence
(›Schloß‹, S. 95ff.). K. verdankt ihre Aufmerksamkeit ihm gegenüber
nur Frieda. Und dies auch nur darum, weil Frieda, wie sie selbst, eine
ehemalige Geliebte Klamms ist. (»Habe ich mich um Sie gekümmert,
solange Sie alleine waren?« fragt sie K., ›Schloß‹, S. 67.) Alles, was wir
von dieser Frau erfahren, ist auf Klamm bezogen: um der »Ehre von
Klamms Angedenken« willen, muß sie K. aus ihrem Hause weisen
(›Schloß‹, S. 114). Also auch die Wirtin hat keine »Eigenschaften«; ihr
ganzes Leben steht unter dem Zeichen Klamms. Obwohl sie ihre ganze
Geschichte erzählt, erfahren wir nichts, was nicht in engstem Zusammenhang mit Klamm stünde. Als Figur im ›Schloß‹ dient sie dazu, die
Größe, die Macht und den Einfluß des Schlosses im Dorf zu konstituieren. Die figürlichen Entsprechungen der Wirtin im ›Prozeß‹ und in ›Amerika‹ bleiben in ihrer Ausdruckshaftigkeit als Funktionsträger hinter
der, im Sinne der Form, schlackenlosen Erscheinung der Figur der Wirtin zurück, so daß es sich erübrigt, die Oberköchin und Frau Grubach
hier zu erörtern.

6. Feinde

Das Gericht und das Schloß, Delamarche, Robinson und Brunelda, der
Onkel, Pollunder und Klara, diese Gruppen stehen den Helden nicht
feindselig gegenüber; sie sind Vertreter einer anderen Ordnung: das
Gericht nimmt Josef K. auf, wenn er kommt, es entläßt ihn, wenn er

geht (›Prozeß‹, S. 233). Niemand hält K. im Dorf zurück (›Schloß‹, S. 92) usw.

Die Feinde der Helden Kafkas sind Feinde aus eigener »persönlicher« Entscheidung.

Der Oberkassier, Schubal, Green und der Oberportier sind die Feinde Karls in ›Amerika‹. Berthold und Direktor-Stellvertreter sind die Feinde Josef K.s im ›Prozeß‹. Der Lehrer ist K.s Feind im ›Schloß‹.

Natürlich sind schon in ›Amerika‹ diese Feinde der Gegenwelt Karls verhaftet; sie sind im Dienste der Ungerechtigkeit, der Unordnung, die sich eine Scheinordnung angelegt hat. Das sind auch die Schloß- und Gerichtsbeamten; aber sie werden niemals »persönlich«, sie handeln immer im Auftrag, in einer Funktion, nach einem Gesetz, niemals als sie selbst; sie sind Funktionäre.

Demnach scheinen die Feinde dem, was wir als charakteristisch für die Figuren in Kafkas Welt bezeichnet haben, daß sie nämlich nichts sind als Funktionäre, zu widersprechen. Eines — es ist allen diesen Feinden gemeinsam — stellt sie in die organisierte Welt zurück, rechtfertigt sie, als Figuren: ihre Feindschaft gegen den Helden ist immer eine absolute. Sie haben keinen Grund zu ihrer feindlichen Haltung, sie sind reiner Ausdruck der Feindlichkeit.

Der Oberkassier, der Oberportier, Berthold und der Lehrer sind zwar im »Dienst«, wenn sie den einzelnen Helden feindlich gegenübertreten. Aber sie treten in diesen Augenblicken aus ihrem Amt heraus, um grausam und feindselig sein zu können: sie wollen die Feindseligkeit »genießen« (›Amerika‹, S. 198). Der Oberportier geht über den Strafwillen der von ihm vertretenen Organisation hinaus, es ist reine Ironie, wenn er sich noch auf sie beruft. Auch der Oberkassier »seufzt aus Ironie tief auf« (›Amerika‹, S. 24). Der Lehrer sagt, er sei kein »Automat«, und kommt, um K. seine eigene »Meinung« zu sagen (›Schloß‹, S. 111). Eine eigene Meinung haben die Funktionäre der Gegenordnung sonst nie. Green ist als Privatmann feindlich. Sie, er und Karl, kennen sich gar nicht; er kann nichts gegen Karl haben und Karl nichts gegen ihn; trotzdem spürt Karl, daß es um »Sieg oder Vernichtung eines der beiden« (›Amerika‹, S. 69) geht. Sobald Herr Green seine völlig grundlose, nur von ihm selbst gewissermaßen usurpierte Funktion erfüllt, das heißt den Brief abgegeben hat — und zwar, als es zu spät ist —, da schien Green ein ungefährlicher Mann, mit dem man vielleicht offener reden könnte als mit jedem anderen«. Es handelt sich also nicht um einen Karl feindlich »gesinnten« Charakter, der so angelegt wäre, daß daraus notwendig Feindschaft resultieren müßte, es handelt sich viel-

mehr um eine Funktion — allerdings um eine recht unbegründete —,
die Green so verändert. Der Direktor-Stellvertreter im ›Prozeß‹ fürch-
tet zwar Josef K.s Konkurrenz, aber dieser Anlaß wird in den Hinter-
grund gedrängt, er wird der Feind schlechthin.

Nun hat die Einführung dieser sich selbst erschaffenden Feindlichkeit
in die Auseinandersetzung der Ordnungen natürlich eine Funktion hinsichtlich der Helden. Diese Funktion aber ist nicht wie alle anderen
Funktionen aus dem Zusammenhang der organisierten Ordnungen verständlich. Im Sinne der reinen Form erfüllen diese »Feinde« eine Hilfs-
funktion. Es ist auffällig, wie die Zahl und die Bedeutung der »Feinde«
in den einzelnen Romanen abnimmt: Schubal, Oberkassier, Green und
Oberportier in ›Amerika‹, der Direktor-Stellvertreter und Berthold
im ›Prozeß‹, im ›Schloß‹ lediglich noch der Lehrer (Gisa kongruiert,
soweit sie in Erscheinung tritt, als Feindin völlig mit dem Lehrer).
Je geschlossener Kafkas geschaffene Welt wird, je vollkommener die
Organisation, desto ausschließlicher begegnen sich nur noch die Ordnungen, und die Feinde aus eigener Willkür treten zurück. Sie sind Trübun-
gen der reinen Form einer organisierten Welt, wenn sie auch zum Teil
eminent figürlichen Charakter annehmen. So schaffen sie sich zum Beispiel durchaus einen eigenen Bewegungsrhythmus, der sie als Klasse aus-
zeichnet: sie kommen immer plötzlich und sind (mit Ausnahme des
Oberportiers) sehr beweglich. »Und da war er also, der Feind, frei
und frisch im Festanzug« (›Amerika‹, S. 28). Green »schien ein großer
Turner, ein Vorturner zu sein« (›Amerika‹, S. 69). Der Direktor-Stellvertreter erscheint immer überraschend an der Tür, steht schon eine
Weile lächelnd da, und beobachtet Josef K., ehe dieser etwas bemerkt
[11].

Das sind durchaus Züge, die diese Feinde zu echten Figuren machen.
Was der Form der Kafkaschen Dichtung, trotz aller Figürlichkeit dieser Feinde, widerspricht, ist die Feindlichkeit selbst. Wir können das
hier nur andeuten, ein volles Verständnis für diese Behauptung kann
sich erst aus den späteren Kapiteln ergeben: die K.s müssen aufgehoben
werden durch ein gewissermaßen automatisch arbeitendes Gesetz; alle
ihre Bestrebungen müssen durch eine lückenlos-funktionierende Mechanik annuliert werden. Diese Mechanik muß sich in jeder einzelnen Figur zeigen; die Figur selbst muß vollkommen von dem sie übergreifenden Zusammenhang der Ordnung, in die sie gehört, als deren Stufe
sie charakterisiert wird, bestimmt und gelenkt werden. Es muß gewissermaßen Ordnung gegen Ordnung arbeiten; und je mehr eine
Ordnung nur durch sich selbst siegt, nicht unterstützt durch Feinde der

K.s, die mit anderen Mitteln als dem völlig unpersönlichen Gesetz dieser Ordnung arbeiten, desto reiner (im Sinne der Form) tritt die siegende und auch die durch sie aufgehobene Ordnung zutage; desto reiner ist das Spiel der Kräfte. Der Vorsteher und die Wirtin, der Advokat Huld und Titorelli, Delamarche und Robinson, das sind die Figuren, durch die die Ordnung der Helden letztlich aufgehoben wird. Sie gehören noch nicht zum Schloß selbst, nicht zum Gericht und auch nicht zum Hotel oder in die Sphäre des Onkels; sie heben den Helden auf seiner eigenen Ebene auf, ohne Feindseligkeit, lediglich durch die Ordnung, die sich in ihnen manifestiert. Die Gegenordnung selbst bedarf natürlich dieser Feinde überhaupt nicht.

7. Die Gegenwelt selbst und ihre Vertreter

Beginnen wir wieder mit ›Amerika‹: Die angedeuteten Hierarchien in ›Amerika‹, das Geschäft des Onkels mit seinem unabsehbaren Telegraphensaal, die Erwähnung der 65. Gruppe seiner Packträger, das Hotel, gestaffelt von den Laufburschen in der Portierloge bis zur nie erscheinenden Hotel-Direktion, diese Hierarchien sind Repräsentationen einer überorganisierten Ordnung, die vom Rechtshorizont Karls aus gesehen keinen Wert verbürgt, weil sie die Unordnung, die Ungerechtigkeit nicht ausschaltet, sondern sie gleichzeitig ermöglicht und verbirgt. Die Personen, die als Träger dieses Systems auftreten, sind mit dieser Organisation noch nicht eins geworden; sie schaffen sie und dienen ihr. Deshalb werden diese Personen nicht durch ihre Stellung in der Organisation hinreichend charakterisiert. Ein aufschlußreiches Beispiel dafür ist der Brief des Onkels an Karl (›Amerika‹, S. 95); er ist ein »Mann von Prinzipien«, ihnen verdankt er alles, was er ist. Er betont, daß das nicht nur für seine Umgebung, sondern auch für ihn selbst »sehr unangenehm und traurig« sei! Hier ist die Verschmelzung der Person mit dem System verhältnismäßig weit gediehen; aber doch noch nicht soweit, daß er es selbst nicht noch bedauern könnte. Er kann sich immerhin noch vorstellen, daß er einmal einen »Angriff« Karls gegen sich zulassen wird. Das heißt, sein Prinzip ist bei aller Härte und starren Unerbittlichkeit nicht absolut. Es ist von ihm geschaffen; Erfahrungen, Enttäuschungen, also psychologisch Faßbares, ist in Spuren darin eingegangen. Die Richter und die Schloßbeamten haben keine Vergangenheit, sie sind selbst die Organisation und werden als Stufe in der Hierarchie existent. In ›Amerika‹ ist die Hierarchie noch nicht so-

weit gediehen. Auch der Oberkellner im Hotel *ist* nicht die Hotel
ordnung, er vertritt sie nur und hat, man möchte sagen, zufällig einen
»galligen Charakter« (›Amerika‹, S. 166). Wie es sich für den Onkel
um ein erworbenes Prinzip handelt, so handelt es sich für ihn um sein
»Autorität« (›Amerika‹, S. 175). Diese Autorität hält er selbst für an
greifbar; ebenso wie der Oberportier sofort zu schreien beginnt: »Ja
dann kann ich nicht mehr Oberportier sein, wenn ich die Leute ver
wechsle« (›Amerika‹, S. 177), als Karl sagt, daß er ihn vielleicht mi
jemand verwechselt habe. Diese Ämter sind erworben dank gewisse
Eigenschaften ihrer Träger; sie sind angenommen und widerruflich
Deswegen ist eine Charakterzeichnung dieser Amtsträger gegeben, di
sich nicht notwendig aus der Art des Amtes ergibt und die nicht not
wendig mit diesem Amt kongruieren muß [12]. Die »ungeheure Stu
fenleiter der Dienerschaft dieses Hotels« (›Amerika‹, S. 162) ist als
noch nicht so vollkommen organisiert wie die späteren Hierarchien; ih
fehlt die gewissermaßen hermetische Transzendentalität der Ordnun
gen in ›Prozeß‹ und ›Schloß‹.

Wenn wir eine Beschreibung der Hierarchien in ›Prozeß‹ und ›Schloß
versuchen, so müssen wir mit ihren niedersten Ausläufern beginnen
Ein einziges Mal ist in ›Amerika‹ eine Beamtencharakteristik gegeben
die auf die späteren Werke hinweist: die »höheren Hotelbeamten
gehen in »schwarzem Gehrock und Zylinderhut« (›Amerika‹, S. 160)
In solchen Gehröcken und mit »scheinbar unverrückbaren Zylinder
hüten« (›Prozeß‹, S. 234) kommen die Gerichtsangestellten, die Jose
K. hinrichten. Die Beamten und Behörden-Vertreter, die in das Blick
feld kommen, gehören meistens den niederen Graden an. Diese niede
ren Grade unterliegen einer ziemlich stereotypen Charakteristik. Ent
weder sind sie übermäßig schlank und beweglich, wie der eine Wächte
(›Prozeß‹, S. 11), der Auskunftgeber (›Prozeß‹, S. 77ff.) und Schwarze
(›Schloß‹, S. 11), dann sind sie auch elegant, immer enganliegend ge
kleidet und schauspielerhaft, oder sie sind »fett«, wie die beiden Hen
ker, wie der zweite Wächter. Die schwarzen Gehröcke und Zylinder
hüte, die in ›Amerika‹ zum ersten Mal auftreten, kehren immer wie
der.

Je höher der Rang der einzelnen Figuren ist, desto dürftiger ist die Be
schreibung, die von ihnen gegeben werden kann. Die höheren Beamte
sind nahezu gesichtlos. Über ihr Aussehen besteht Unklarheit, es änder
sich mit ihrer Funktion [13]! Klamms Bild zum Beispiel ist »nur i
den Grundzügen bekannt«. »Er soll ganz anders aussehen, wenn e
ins Dorf kommt, und anders, wenn er es verläßt ... anders allein, an

ders im Gespräch und, was hiernach verständlich ist, fast grundver-
schieden oben im Schloß« (›Schloß‹, S. 206). Aus diesem Satz wird
verständlich, warum wir immer von Charakterisierung sprechen und
dann doch bloß wenige Merkmale angeben, die man bei einem anderen
Dichter als »äußerlich« bezeichnen würde. Wir erinnern noch einmal
daran: es wird durch den Helden erzählt, dieser sieht alles »nur« von
außen, aber was er da sieht, das heißt, wie er es sieht, das ist schon
alles, das ist eine hinreichende Charakterisierung. Am Beispiel Klamms
ist es ganz deutlich ausgesprochen, daß die äußere Veränderung, verursacht durch eine Veränderung der Funktion, den vollkommenen
Sinn ausdrückt. Hier gibt es kein Inneres! Von den vielen Funktionen
und Gesichtern kann K. nur eines erfahren, das, das der Beamte an-
nimmt, wenn er mit K. zu tun hat. In der Berührung mit den Parteien,
und damit mit K., äußern die Beamten vor allem eine grenzenlose
Empfindlichkeit. Diese Empfindlichkeit ist keine Eigenschaft im psychologischen Sinn; sie ist ein Ausdruckselement, um den totalen Klassen-
unterschied zwischen den Beamten und der Partei zu betonen. Der
Grad der Empfindlichkeit hängt vom Rang des Beamten ab. Hier
charakterisiert also der Rang, den ein Beamter einnimmt, notwendig
den Amtsträger. (Die Beamten sind »von Berufs wegen mit einem ganz
außerordentlichen Feingefühl begabt«, erzählt der Sekretär Bürgel im
›Schloß‹, S. 302.)
Wenn der Rang die Empfindlichkeit bestimmt, dann folgt daraus, daß
sich ein Beamter höheren Ranges auch weiter von den Parteien ent-
fernen muß; deswegen die geringe Kunde, die wir von diesen höheren
Beamten haben, deswegen die Legendenbildung mit ihren übertriebenen
Vorstellungen; deswegen endlich ihr großer Einfluß auf die Parteien.
Der Kanzleidirektor im ›Prozeß‹ flüchtet sich in einen dunklen Winkel,
als Josef K. mit seinem Onkel eintritt; und als er nachher doch her-
vorgebeten wird, bewegt er hilflos seine Arme, »wie kurze Flügel«,
als »bitte er dringend wieder um die Versetzung ins Dunkel«
(›Prozeß‹, S. 114). Das »Zartgefühl der Herren« ist »grenzenlos«
(›Schloß‹, S. 324). Sie sind zu »schamhaft, zu verletzlich«, um sich
»fremden Blicken zu zeigen« (›Schloß‹, S. 326). Sie sind als Figuren
dank dieser Empfindlichkeit besonders organisiert: sie sind nämlich
mit einer differenzierten Witterung begabt, die ihnen hilft, den Parteien aus dem Weg zu gehen [14]. Und weil sie eben nur als Beamte so
sind, und weil sie nichts als Beamte sind [15], darum ist das ganze
Amt, die ganze Behörde so empfindlich und reizbar. Das ist der be-
deutsame Unterschied zu ›Amerika‹: hier gibt es keine Distanz zwischen

Funktion und Funktionär, so, daß dieser etwa sein Amt kritisch betrachten könnte! Diese Beamten sind »Tag und Nacht in ihr Gesetz eingezwängt« (›Prozeß‹, S. 127); sie sind mit dem Gesetz eins geworden. Wenn sie empfindlich und reizbar sind, so ist es auch die Behörde, der »große Gerichtsorganismus«, der durch Störungen »noch geschlossener, noch strenger, noch böser« wird (›Prozeß‹, S. 131) [16]. Ebenso im ›Schloß‹: der »behördliche Apparat« ist »äußerst empfindlich« (›Schloß‹, S. 85), er trifft plötzlich einmal in einer Sache eine Entscheidung und es ist dann, als »hätte der behördliche Apparat die Spannung . . . nicht mehr ertragen und *aus sich selbst heraus, ohne Mithilfe der Beamten,* die Entscheidung getroffen«. Die Funktionen der einzelnen Figuren verselbständigen sich also so weit, alles Individuelle wird so sehr ausgeschaltet, daß sich ein Apparat herausbildet, in dem das einzelne Glied nur noch Glied und sonst nichts mehr ist [17]! K. muß lernen, »auf diesem behördlichen Apparat, diesem feinen, immer auf irgendeinen Ausgleich bedachten Instrument zu spielen . . .« (›Schloß‹, S. 371) [18].

Weil diese Beamten so ausschließlich als Stufe in der »unendlichen Rangordnung« (›Prozeß‹, S. 129) fungieren, können sie auch keine eigene Meinung haben und nicht als Persönlichkeiten geschildert werden; was sie sagen, entnehmen sie dem traditionellen Bestand ihrer hierarchischen Organisation; deswegen hat auch die Figur bei Kafka keine Vergangenheit, diese Dimension kommt nur der Organisation selbst zu.

Wenn diese Figuren nicht auf einer deutlich erkennbaren Stufe der Rangordnung der organisierten Welt stehen, so werden sie doch immer durch ihre Funktion den Kafkaschen Helden gegenüber charakterisiert. So klärt die Wirtin K. über Momus auf: »Ich rede nicht von seiner selbständigen Persönlichkeit, sondern davon, was er ist, wenn er Klamms Zustimmung hat . . . dann ist er ein Werkzeug . . .« (›Schloß‹, S. 139); mit diesem Werkzeug hat es K. zu tun und mit nichts sonst! Diese Werkzeuge, das sahen wir immer wieder, treten stets in einem ganz bestimmten und für sie bezeichnenden Bewegungs-Rhythmus auf: die Feinde beweglich, rasch und überraschend; die Begleiter linkisch, unruhig hin- und herstürmend, die Angeklagten und Dorfbewohner gebeugt, als gedemütigte Masse drängend und flüsternd; die Ausläufer der Organisation schauspielerhaft, glatt, elegant oder ölig und fett; die Beamten abwehrend, scheu, empfindlich, witternd. Diese Bewegungsrhythmen resultieren, auch das deuteten wir an, aus den jeweiligen Funktionen. Ob sie den Helden verwirren, beunruhigen, quälen oder ins Leere laufen lassen sollen, davon hängt die Körperlichkeit dieser Figuren ab. Es ist ganz selbstverständlich, daß zwischen »Menschen« keine solchen Unterschiede sein können. Der anthropologische, der biologische, der psychologische Bereich, das heißt die Empirie, reicht dazu nicht mehr aus. Darum schafft sich Kafka neue Ausdrucksmöglichkeiten. Bevor wir nun die Helden in der Auseinandersetzung mit diesen Figuren zeigen, gilt es noch einige Ausdruckselemente zu erörtern, die sich über alle Stufen der organisierten Welt und ihre Figuren erstrecken.

8. Gruppenbildungen

Da Kafka alles durch die Bewegung, durch die Kontur, durch die Fassade sagt, da seine Figuren kein »Inneres« haben, ist es ihm auch sehr leicht, sie zu Gruppen zusammenzufassen. Es bedarf dazu nur einer Voraussetzung: die Figuren müssen in dem Augenblick der Gruppierung in ihren Funktionen dem Helden gegenüber übereinstimmen. Wenn die Funktionen kongruieren, steht der Gruppierung nichts mehr im Wege. Das ist sehr leicht einzusehen, wenn man bedenkt, daß durch den Helden erzählt wird. Wenn sich nun einige dieser Figuren für das Auge des Helden zusammentun, so sind sie für ihn und damit für uns sofort eine Gruppe, weil er ja nur das »Äußere« sieht. Wir müssen hier an all das erinnern, was wir im vorigen Kapitel über den Kafkaschen Helden als Fremden, über die Verabsolutierung des Eindrucks usw. sagten. Sehr aufschlußreich für das, was wir hier zeigen wollen, ist eine Stelle aus einem Brief Kafkas an Max Brod. Kafka schreibt aus einem Schweizer Sanatorium: »Auch meine Unkenntnis ihres Deutsch hilft mir, glaube ich, bei ihrer Betrachtung, denn sie sind dadurch für mich viel enger gruppiert« [19]. Der Mangel an realem Verständnis des Schweizer Dialektes wird von Kafka also nicht als Mangel empfunden, sondern als eine Hilfe für seine Betrachtungsweise. Er ist hier der Fremde, der nicht adäquat versteht, der hier seine Eindrücke noch auf die wirklichen Ursachen zurückführt, in der Dichtung aber gerade diese Erklärung unterdrückt [20].
Kafka entwickelt nun in seiner Dichtung ein besonderes Stilverfahren, um solche Gruppenkollektive zu beschreiben. Er führt die Vielzahl der einzelnen, die eine Masse bilden, auf einen einzigen Antrieb zurück, er behandelt sie also wie einen einzigen Körper, und diesen, das tut er mit allen Figuren, mechanisiert er völlig. Der Verkehr auf einer großen

Straße, der eben noch »blitzschnell vorbeijagte«, »besänftigt« sich manchmal »wie von einer einzigen Bremse regiert« (›Amerika‹, S. 108). Da gibt es eine sich in winzigen Schritten bewegende Masse, »deren Gesang einheitlicher war, als der einer einzigen Menschenstimme« (›Amerika‹, S. 59). Hier ist die Mechanisierung vollendet. In der Beschreibung des Knechtekollektivs im ›Schloß‹ ist sie auf dem Wege dazu: »die Schreie hungrig, röchelnd, wurden allmählich fast ein einziger . . .« (›Schloß‹, S. 53) [21]. Bei dieser Singularisierung der Massen ist natürlich die Funktion nicht so entscheidend, wie wenn sich kleinere Gruppen von Figuren, die dem Helden einzeln bekannt sind, zu Gruppen zusammenfügen.

Wenn der Hauptmann Fräulein Montag die Hand küßt, so werden sie dadurch für Josef K. »zu einer Gruppe verbunden, die ihn von Fräulein Bürstner abhalten wollte« [22]. Zuweilen deutet Kafka an, daß sich diese Gruppenbildung durch den besonderen Existenzcharakter seiner Figuren ergibt. Die Henker fassen Josef K. unter den Armen, die drei bilden eine »Einheit, wie sie fast nur Lebloses bilden kann« (›Prozeß‹, S. 235). Die »jungen Herrn« (in Hasterers Gesellschaft), »die noch fast gar keinen Rang besaßen«, werden nur ganz allgemein angesprochen, »als wären es nicht einzelne, sondern bloß ein zusammengeballter Klumpen« (›Prozeß‹, S. 252).

Die Grenze zwischen Lebendigem und Leblosem verwischt sich in diesen Beschreibungen.

9. Verdinglichung

Die Grenze zwischen Lebendigem und Leblosem verschiebt Kafka, um des Ausdrucks willen, in einem völlig gegennatürlichen Sinn: da kann eine Gestalt aussehen »wie eine Stange in baumelnder Bewegung« [23] oder aus »Seidenpapier herausgeschnitten« sein, daß man sie »knistern« hören müßte, wenn sie geht [24]. Diese Figuren lachen lautlos (›Schloß‹, S. 118 u. S. 236), sie kommen nicht aus eigenem Antrieb, sondern werden »aufgestellt« (›Schloß‹, S. 292); Frieda legt sich »Pepis Haare um den eigenen Kopf« (›Schloß‹ S. 338)! Ein Offizier »vollführt ununterbrochen ein kleines Geräusch mit den Zähnen« (›Amerika‹, S. 20).

Diese Verdinglichung geht noch weiter: die Figuren können mit ihren einzelnen Gliedmaßen und Gesichtszügen umgehen, als wären diese ihnen nicht unwillkürlich eigen, sondern gewissermaßen nachträglich zur Willkür und Belustigung überlassen [25]. Sie sind selbst verwundert, unwillig und erheitert darüber, was sie alles damit machen können [26]. Sie loben ihre Gliedmaßen durch »Beklopfen« [27], sie sind dieser Gliedmaßen nicht so sicher, daß sich diese nicht verselbständigen könnten.

Neben dieser Mechanisierung der Körperlichkeit geht eine Verdinglichung aller Wahrnehmungen, aller Empfindungen, aller Äußerungen einher: die »Aufregung« [28], die »Lust« (›Schloß‹, S. 390 u. S. 60), »Meinungen« (›Prozeß‹, S. 186), »Verbindungen« (›Schloß‹, S. 411), »Geheimnisse« (›Schloß‹, S. 338f.), »Worte« (›Schloß‹, S. 144), »Fragen« (›Schloß‹, S. 301), »das Neue« (›Schloß‹, S. 37), eine »Stimme« (›Amerika‹, S. 22), das Atmen (›Amerika‹, S. 29), das »Licht« (›Amerika‹, S. 45), Gelächter und Geschrei (›Schloß‹, S. 156), der »Lärm« (›Amerika‹, S. 53), die »Stille« (›Amerika‹, S. 92), Hindernisse (›Schloß‹, S. 380), das Trinken (›Amerika‹, S. 123), das Urteilen (›Amerika‹, S. 173), Gelegenheiten (›Schloß‹, S. 312).

Alles, was sonst von einem wahrnehmenden, verursachenden, prüfenden Persönlichkeitskern oder von sich vollziehenden Naturgesetzlichkeiten abhängig ist, das verselbständigt sich hier und wird zum anschaubaren, fixierbaren Ding. So schreit der geprügelte Wächter nicht wie ein Mensch, sondern wie ein »gemartertes Instrument«, und darum erhebt sich sein Schrei »ungeteilt und unveränderlich« (›Prozeß‹, S. 96). Also: Verdinglichung der Person und Verdinglichung ihrer Äußerung [29]. Alles, was sonst einem ständigen Fließen unterworfen ist, das Atmen, das Licht, der Lärm, die Lust usw., das hält Kafka fest, macht es so dinghaft, daß man es anfassen kann. Man muß dazu die Kraft haben, sagt er selbst, »die Dinge unaufhörlich gewissermaßen ohne Augenschließen, anzusehen«, »läßt man aber nur einmal nach und schließt die Augen, verläuft sich alles gleich ins Dunkel« (›Schloß‹, S. 381). Hier sei noch ein Merkmal der Figurenzeichnung erwähnt, das sich über das ganze Werk hin erstreckt und noch einmal beweist, wie sehr Kafka seine Figuren von außen sieht: wir meinen die Bärte, die in Kafkas Werk in einer geradezu bestürzenden Häufigkeit auftreten [30].

Zweifellos haben diese Bärte eine Bedeutung; sie sind aber keine Symbole für etwas, sondern sind nicht mehr und nicht weniger, als sie sind: sie machen ein Gesicht düster (schwarzer buschiger Vollbart), oder streng und grausam (lang ausgezogener Schnurrbart, ›Prozeß‹, S. 225; ›Amerika‹, SS. 104; 168), oder lauernd und heimtückisch (rötlicher Vollbart, ›Prozeß‹, SS. 20; 65), oder eitel und geziert (Spitzbart, z. B. von

»besonderer Schwärze«, ›Schloß‹, S. 25), oder würdig (weißer Vollbart, der »in seidenartige Ringel« ausgeht, ›Amerika‹, S. 77). Trotz
der bloßen Ausdruckshaftigkeit dieser Bärte ist die Manier, so viele
Figuren mit Bärten zu zeichnen, Kafkas größte Annäherung an die
Symbolik in der Charakteristik. Diese Bärte wirken nicht gerade angeklebt als Symbole der Männlichkeit, aber sie geraten doch in
den Bereich symbolischer Wirkungen, wenn z. B. Brunswick (›Schloß‹,
S. 22) mit Voll- und Schnauzbart, groß und brutal geschildert wird,
während Lasemann (›Schloß‹, S. 23) gewissermaßen sympathischer,
nicht so ungeschlacht, »mit viel geringerem Bart« dagegen abgehoben
wird. Der Wirt im Brückenhof gar hat ein »weiches und fast bart-
loses Gesicht« (›Schloß‹, S. 17). Kafka begibt sich hier, was er sonst
nie tut, in den Bereich biologischer Konventionen, die bei ihm, der nur
das Äußere einer Figur andeutet, in der Zeichnung der Männlichkeit
zu dieser überraschenden Häufung von Bärten führt. Daß die psychoanalytische Deutung diese Bärte bis zur Unsinnigkeit gedeutet hat,
ist nicht verwunderlich.

IV. DIE ORDNUNGEN BEGEGNEN EINANDER

1. Vorbemerkung

Kafkas »Romane« entnehmen ihre Ausdruckselemente nicht einer vorhandenen Welt; die Werke sind nicht repräsentativ für eine vorhandene Welt, sie sind keine Summen oder Kompendien. Seine Figuren zeichnen sich durch ihre Geschaffenheit aus. Sie werden durch den Helden geschildert. Der Held muß also überall dabei sein, er muß den Figuren begegnen, daß sie erscheinen können. Nun treffen die Kafkaschen Helden nicht nur immer auf einen ganz bestimmten Kreis von Figuren, auch die Weisen, wie sie diesen Figuren begegnen — und das entspricht den wiederkehrenden Figuren — sind immer wieder die gleichen. Die Ordnungen, die der Helden und die der jeweiligen Gegenwelt, werden nur in diesem dynamischen Aufeinandertreffen erzählt. In ihrem Widerstreit entsteht überhaupt erst das Werk. Diese Auseinandersetzung ist das eigentliche Thema.

Verhandlungen und Verhöre, immer im Hinblick auf ein Urteil, Streitgespräche und die Ordnungen konfrontierende Diskussionen, und die aktiven Unternehmungen der Helden von sich aus, das sind die Weisen der Begegnung im Werk. Bevor wir uns fragen, was diesen Auseinandersetzungen als Verursachendes und als fortwirkender Motor zugrunde liegt, suchen wir das Gleichbleibende ihres Verlaufs herauszustellen.

2. Verhandlungen und Verhöre

Dazu gehören zwei Parteien und eine neutrale, richtende Instanz, wenn der Verhandlung eine Urteilsfindung folgen soll. Bei Kafka ist eine Partei der jeweilige Held, der, mit unbedeutenden Ausnahmen in ›Amerika‹, immer allein ist. Er ist Angeklagter oder Kläger (das ist nicht immer streng voneinander geschieden), Verteidiger und Zeuge in einer Person. Die andere Partei ist die Welt der organisierten Un- oder Scheinordnung in ›Amerika‹, das Gericht im ›Prozeß‹ und das Schloß mit allen seinen Ausläufern im ›Schloß‹. Die urteilende, neutrale Instanz fehlt. Das Urteil ist von der Gegenwelt des Helden usurpiert. Deswegen klagt er dagegen, daß er angeklagt ist, denn er erkennt die Gegenordnung nicht als urteilsfähige Instanz an.

Deswegen sind die einzelnen Helden Kafkas — und das halten wir
als die erste Charakteristik fest — meistens guter Dinge, wenn sie zur
Verhandlung antreten [1]. Das heißt, sie treten eigentlich nur in die
Verhandlung ein, um dagegen zu protestieren. Sie erheben ihrerseits
Klage. Natürlich sind diese Züge in ›Amerika‹ noch nicht so ausgeprägt vorhanden, wie im ›Prozeß‹ und im ›Schloß‹. Karl schweigt,
wenn er einsieht, daß sich das Unrecht nicht abwenden läßt. »Es ist
unmöglich sich zu verteidigen, wenn nicht guter Wille da ist« (›Amerika‹, S. 185), sagt er, während das Gericht in Josef K. auf einen
stoßen soll, »der sein Recht zu wahren verstand« (›Prozeß‹, S. 137);
ebenso will sich K. im ›Schloß‹ wehren »gegen den entsetzlichen Miß-
brauch«, der mit dem Gesetz getrieben wird (›Schloß‹, S. 87). Diese beiden K.s treten in solche Verhandlungen mit groben Beschimpfungen
der Gegenordnung ein [2]. Josef K. schimpft die Gerichtsbeamten
eine »korrupte Bande« (›Prozeß‹, S. 57) und »Lumpen« (›Prozeß‹,
S. 58); K. nennt die Schloßorganisation ein »lächerliches Gewirre«,
»welches unter Umständen über die Existenz eines Menschen entscheidet«
(›Schloß‹, S. 80).
Das ist für den Verlauf der ganzen Auseinandersetzung der beiden
Ordnungen eine entscheidende Voraussetzung: die K.s kämpfen immer
um ihre Existenz, »für etwas lebendigst Nahes«, »für sich selbst«;
während die Gegenseite, die Behörden, »so gut sie auch organisiert
sein mochten, immer nur im Namen entlegener, unsichtbarer Herren
entlegene, unsichtbare Dinge zu verteidigen« haben (›Schloß‹, S. 73).
Dieser Unterschied bestimmt auch das Auftreten der Behörde [3]; sie
ist immer ruhig, und je ruhiger sie ist, desto jäher werden die K.s.
Josef K. sieht seine Existenz durch ein »liederliches Verfahren« (›Prozeß‹, S. 50) bedroht, K. muß sich immer wieder sagen lassen, daß das,
was ihn bis an den Rand seiner Kräfte beansprucht, nur ein »kleiner
Fall« ist (›Schloß‹, S. 83), ja sogar der »kleinste unter den kleinen«
(›Schloß‹, S. 87) [4]. Die Verhandlungen verlaufen dank des ungestü-
men Auftretens der K.s, ihrer unbelehrbaren Hartnäckigkeit scheinbar
ergebnislos. In Wirklichkeit, das sehen die K.s nachträglich ein, sind
es verpaßte Gelegenheiten. Die K.s lassen sich nicht verhören [5]; die
Gegenseite drängt zwar darauf, sieht es aber auch mit einer gewissen
Genugtuung, wenn die K.s darauf verzichten. Ihre Verhandlungstak-
tik ist nur auf Verwirrung und Schwächung angelegt, ohne jemals
direkt feindlich zu werden. K. im ›Schloß‹ bekommt schon nach wenigen Worten, die er von einem der niedrigsten Beamten gehört hat,
einen Begriff von der »Bösheit und Vorsicht«, von der »gewisser-

maßen diplomatischen Bildung« (›Schloß‹, S. 14), über die hier fast jeder verfügt.
Die Verhandlungen und Verhöre enden also nicht mit ausgesprochenen Niederlagen der K.s; im Gegenteil, die Gegenordnung scheint zu unterliegen. Josef K. ist am Ende der ersten Verhandlung mit dem Aufseher »unnachgiebig« und schimpft dessen Pflicht eine »dumme Pflicht« (›Prozeß‹, S. 25). Der Aufseher läßt sich dies ruhig gefallen, er gibt sogar zu, daß es eine »dumme Pflicht« sein mag [6]. Aber was hat Josef K. durch seine »unnachgiebigen« Reden erreicht? Nichts. Er ist verhaftet. Er schenkt zwar diesen »Lumpen« alle Verhöre, rennt aus dem Saal hinaus, niemand wehrt es ihm, aber dann sitzt er Stunden und Tage zu Hause und grübelt und kann nicht glauben, »daß man seinen Verzicht auf Verhöre wörtlich genommen« hat (›Prozeß‹, S. 59). Ebenso ergeht es K. im ›Schloß‹. Die Gegenseite nimmt den »Kampf lächelnd auf« (›Schloß‹, S. 15). Die Verhandlung mit dem Gemeindevorsteher ergibt nur, daß die »Beweislast« dafür, daß K. aufgenommen ist, ihm selbst auferlegt ist (›Schloß‹, S. 88) [7]. K. hält als Ergebnis fest, »daß alles sehr unklar ist, bis auf den Hinauswurf«. Darauf der Vorsteher: »Niemand hält Sie hier zurück, aber das ist doch kein Hinauswurf« (›Schloß‹, S. 92). Wie ähnlich ist diese Antwort der des Gefängnisgeistlichen: »Das Gericht will nichts von dir. Es nimmt dich auf, wenn du kommst und es entläßt dich, wenn du gehst« (›Prozeß‹, S. 233).
Das ist das Ergebnis all dieser Verhöre und Verhandlungen: die K.s erschöpfen sich am Mangel an wirklichem Widerstand [8]! Ihre Bestrebungen verlaufen ins Leere, weil der Gegner sich als Ziel entzieht. Ihre Argumente werden aufgehoben durch die Unübersehbarkeit der Ordnungen, denen sie gegenüber stehen. Diese Verhandlungen und Verhöre führen in den zwei Hauptwerken nie zu einem Urteil. Die K.s werden zwar auf gewisse Nachteile aufmerksam gemacht, aber es geschieht nichts unmittelbar im Zusammenhang mit dem negativen Ausgang einer solchen Verhandlung. Es wird den K.s überlassen, sich ihr Urteil darüber zu bilden, sich selbst ihr Urteil zu sprechen. Der Gegenseite liegt ja, wie schon gesagt, nichts an diesen Verhören, es ist nur im Interesse der K.s und der anderen Parteien, wenn solche Verhöre abgehalten werden. Im Schloß heißt es über den Parteienverkehr, daß er nur da sei, »um vorn die Haustreppe (im Herrenhof) schmutzig zu machen« (›Schloß‹, S. 277).
Begnügen wir uns vorerst mit dieser allgemeinen Beschreibung und gehen zur nächsten Weise der Begegnung über.

3. Diskussionen und Untersuchungen

Karl unterscheidet sich in diesen Gesprächen von Josef K. und K. dadurch, daß er sich (wie auch bei den Verhandlungen und Verhören)
die Gegenwelt gewissermaßen gefallen läßt. Er läßt sich belehren, er
will etwas dazulernen, um gewisse Fehler nicht ein zweites Mal zu begehen [9]. Ihm bieten sich aber alle Situationen nur einmal an. Macht
er etwas falsch, so kann er das nachträglich Gelernte nicht mehr praktizieren, weil die Gelegenheit nicht mehr wiederkehrt. Die K.s dagegen,
die sich — K. noch mehr als Josef K. — in einer viel engeren, viel einförmigeren Welt bewegen, treffen immer wieder auf die gleichen Fragen, und sie beantworten diese jedesmal in der gleichen Weise. Sie
lernen nichts dazu. Der Unterschied wird noch größer, wenn man bedenkt, daß alles, was Karl Roßmann erzählt und gesagt wird, auch
das, was er selbst erlebt, nicht in so unmittelbarem Zusammenhang mit
seiner Existenz steht, wie das bei den späteren Helden der Fall ist.
(Vergleiche z. B. Thereses mit Olgas Erzählung.) Trotzdem lernt Karl
aus den Reden des Onkels, aus den Unterhaltungen mit den Studenten, mit Therese und der Oberköchin etwas dazu; die Ereignisse, die
ihm in diesen Gesprächen vorgetragen werden, haben einen Grad an
Eigenexistenz, sie sind so wenig direkt auf Karl bezogen, daß er es
gewissermaßen nicht nötig hätte, sich selbst mit ihnen in Verbindung
zu bringen, indem er Lehren daraus zieht. Ganz anders ist es im ›Prozeß‹ und im ›Schloß‹: hier hat alles engsten Bezug zu Josef K.s und
K.s Existenz; jedes Wort dieser langwierigen Diskussionen und Gespräche wird direkt auf die K.s gemünzt, und trotzdem wird anscheinend umsonst gesprochen.
Der Advokat verfährt mit Josef K. so, daß er ihn zuerst demütigt;
wenn er ihn genügend gedemütigt hat, muntert er ihn wieder auf
(›Prozeß‹, S. 124). Josef K. versucht, irgend etwas über seinen Prozeß
zu erfahren; es darf ihm aber nur gesagt werden, was ihn nicht »allzu
hoffnungsfreudig« und nicht »allzu ängstlich« macht; und das ist: »daß
sich einzelne Richter sehr günstig ausgesprochen ... haben, während
andere sich weniger günstig geäußert haben ...« (›Prozeß‹, S. 137).
Dieses Ergebnis wird vom Advokaten als »sehr erfreulich« bezeichnet,
»nur dürfe man daraus keine besonderen Schlüsse ziehen, da alle Verhandlungen ähnlich beginnen ...« (›Prozeß‹, S. 133) [10]. Diese Verlaufsform eines Gesprächs fassen wir von nun an mit der Formel *Aufhebung* zusammen. Diese Aufhebung ist als Ausdrucksprinzip ebenso
exemplarisch in der Unterhaltung mit Titorelli ausgebreitet. Titorelli

eröffnet Josef K. drei Möglichkeiten (›Prozeß‹, S. 159ff.): die »wirkliche Freisprechung«, die »scheinbare Freisprechung« und die »Verschleppung«. »Die Vorteile und Nachteile sind haarfein« (›Prozeß‹, S. 173), sie sind sogar so haarfein, daß sie sich praktisch *aufheben;* und das ist ja auch der Sinn dieser Gespräche. Nun könnte man einwerfen, daß Josef K. aus solchen Gesprächen mit Recht nichts lerne, daß er aus ihnen gar nichts lernen kann, da sich ja eine Feststellung durch die andere immer wieder aufhebt. Gerade das aber ist es, was er nicht begreift, an dem er sich schließlich erschöpft. Er sucht immer nach Lösungen, sucht Helfer, will den Prozeß beenden, weil er nicht begreift, daß dieses Ausdrucksprinzip der Aufhebung die Unendlichkeit des Verfahrens bedeutet. Nicht anders ist es im ›Schloß‹: K. will Klamm sprechen, er will ins Schloß. In endlosen Unterhaltungen wird ihm nun immer wieder gesagt, daß er »entsetzlich unwissend« »hinsichtlich der hiesigen Verhältnisse« sei, so daß »einem der Kopf schwirrt«, wenn man ihn reden höre (›Schloß‹, S. 71). Die Wirtin sucht ihn zu belehren, aber ihm fehlt »die Fähigkeit, es zu begreifen« (›Schloß‹, S. 66). Er will wie »ein Kind alles gleich in eßbarer Form dargeboten haben« (›Schloß‹, S. 139); er »mißdeutet alles, auch das Schweigen« (›Schloß‹, S. 100). Die Wirtin hebt jedes Argument K.s durch ihre Erfahrung auf. Trotzdem läßt er sich nicht belehren. Aber so verwirrend sind diese Diskussionen durch die fortwährenden Aufhebungen, daß er nachher nicht mehr weiß, ob er »standgehalten oder nachgegeben hatte« (›Schloß‹, S. 141). Ebensowenig weiß Josef K., ob der Advokat durch seine sich selbst aufhebenden Redensarten »Trost oder Verzweiflung … erreichen wollte« (›Prozeß‹, S. 134). Alles ist völlig eingeebnet. Der Unterschied aber zwischen den beiden Gesprächspartnern ist, daß die Wirtin, der Advokat und Titorelli solche Gespräche beenden können, wie sie wollen und wann sie wollen; irgend jemand nimmt sie wieder auf und führt sie in der gleichen Weise gegen die K.s weiter. Die K.s aber müssen ihre Argumente immer selbst hervorbringen, sie müssen immer selbst dabei sein; für sie ist es eine andauernde Bemühung aller ihrer Kräfte, während die Gegenordnung aus einem Bestand von Formeln und Traditionen schöpft, der unendlich ist; die Konsequenz ihrer Verfahrensweise gegen die K.s ist ihnen gewissermaßen eingeboren und bedarf keiner besonderen Bemühung. Die Gegenordnung muß den K.s nicht einmal in einem Vertreter gegenübertreten; sie ist da und die K.s erschöpfen sich an ihr, ohne daß sie überhaupt erscheint. Wenn sich z. B. K. im ›Schloß‹ in nichtendenden Gesprächen mit Olga darüber unterhält, ob Barnabas wirklich Schloßdienst verrichtet oder nicht, ob Klamm wirklich Klamm ist oder nicht, so vermag er nicht eine einzige klare Einsicht über die »unentwirrbare Größe« (›Schloß‹, S. 216) der Behörde »dort oben« zu gewinnen. Das Prinzip der Aufhebung ist dem Wesen des Schlosses immanent. Jede Feststellung ruft notwendig ihr Gegenteil, ihre Aufhebung auf den Plan.

4. Unternehmungen der K.s

Karl Roßmann scheitert von Mal zu Mal durch eine Aktion der Gegenwelt. Er wird verurteilt. Das Scheitern wird ausgesprochen. Wenn die K.s etwas unternehmen, werden ihre Bemühungen annulliert, ohne daß die Gegenwelt auch nur einen Finger rührt; im Gegenteil, sie tut nicht nur nichts gegen die K.s, sondern macht deren Anstrengungen dadurch zunichte, daß sie sich zurückzieht. Als Josef K. mit dem Gerichtsdiener in die Kanzleigänge zu kommen versucht, da erträgt er einfach die Luft nicht, es wird ihm schlecht, er muß von Gerichtsangestellten wieder hinausgebracht werden (›Prozeß‹, S. 73ff.). K. im ›Schloß‹ dringt in den Hof, in dem die Kutsche Klamms steht, und wartet. Man läßt ihn stehen, er bleibt »als einziger, der den Platz behauptete, aber es war ein Sieg, der keine Freude machte« (›Schloß‹, S. 128), er hat sich die Freiheit erkämpft, »auf dem ihm sonst verbotenen Ort« zu warten, aber er sieht ein, daß es »nichts Sinnloseres, nichts Verzweifelteres als diese Freiheit, dieses Warten« gibt (›Schloß‹, S. 129). K. respektiert das Zartgefühl der Herren nicht. Er kann sich in den Gang des Herrenhofes stellen (›Schloß‹, S. 315ff.) und die Aktenverteilung stören. Der Herrenhofwirt muß ihn wegziehen, weil die Herren es vorziehen zu leiden.

Vergleichen wir die diesen Aktionen entgegengesetzte Erscheinung: das Gericht oder das Schloß wendet sich an die K.s. Josef K. wird zu einer Untersuchung bestellt. Obwohl keine bestimmte Stunde genannt worden war, wird ihm vorgeworfen, daß er zu spät komme. Dann wird er als »Zimmermaler« angesprochen (›Prozeß‹, S. 49). Damit ist der Ernst und die Dringlichkeit, mit der Josef K. aufgefordert wurde, völlig aufgehoben. Seine Beschimpfungen des Gerichtes rühren von der Enttäuschung darüber her. Ebenso will K. im ›Schloß‹ in »allem furchtbaren Ernst« (›Schloß‹, S. 37) Arbeiter, Ansässiger werden. Die Briefe Klamms jedoch, wie auch die Aufträge, die die Gehilfen für die Arbeit mit K. bekommen haben, heben diesen Ernst völlig auf. Er wird für

Arbeiten gelobt, die er nie ausgeführt hat (›Schloß‹, S. 142); dann erhält er von Erlanger einen Befehl, den er nicht ausführen kann, weil sich das Befohlene schon erledigt, und zwar gegen den Willen K.s erledigt hat (›Schloß‹, S. 313f.). K. klingt dieser Befehl »wie ein Verlachen«, in ihm drückt sich »für K. die Nutzlosigkeit aller seiner Bestrebungen« aus. Am deutlichsten tritt die Fragwürdigkeit des Willens zu einer echten Verbindung mit K. vom Schloß her in seinen Unterhaltungen mit Olga zutage. Barnabas ist für ihn die einzige amtliche Verbindung zum Schloß, zu Klamm (die über das Protokoll hat K. ja abgelehnt). Nun erzählt Olga aber, daß Barnabas nur »sehr alte Briefe« (›Schloß‹, S. 210) zur Erledigung bekommt, daß er nicht einmal weiß, ob sie wirklich von Klamm sind (›Schloß‹, S. 205), daß er auch nicht weiß, ob die Kanzleien, die er als Bote zwischen K. und Klamm betreten darf, wirklich Schloßkanzleien sind (›Schloß‹, S. 204), ja, daß er nicht einmal weiß, ob es »wirklich Botendienst ist, was er tut« (›Schloß‹, S. 206). Also ist es auch für K. gänzlich unmöglich, den Wert dieser Begegnungsmöglichkeit mit dem sich auch hier entziehenden Schloß richtig einzuschätzen. Die Meinung darüber ist »eine zufällige«, »die Überlegungen, zu denen sie Anlaß gibt, sind endlos« (›Schloß‹, S. 266). Was K. also vom Schloß her erreicht, schafft keine hoffnungsträchtige Verbindung, sondern hebt sich durch diese Umstände selbst auf und ist lediglich dazu angetan, K. auch die »Nutzlosigkeit seiner Bestrebungen« zu offenbaren.

5. Die Rolle der Zuschauer bei den Begegnungen

Kafka läßt es schon bei der Verhandlung über den Fall des Heizers nicht bei den unmittelbar Beteiligten bewenden: außer Karl und dem Heizer nehmen noch sieben Personen an der Verhandlung teil; und zwar als Zuschauer und als Mitwirkende. Jede Veränderung der Sache des Heizers wird durch alle Beteiligten geschildert. Als der »Feind« eintritt, sind sofort alle sieben seine Freunde (›Amerika‹, S. 28). Diese Zuschauer verstärken also die Intensität der Verhandlung, da sie Partei ergreifen und in vielfacher Spiegelung das eine Schicksal doch einstimmig besiegeln. Auch in der Verhandlung im Hotel bricht und verstärkt sich jede Wendung des Geschehens in der Reaktion jedes einzelnen Teilnehmers (›Amerika‹, S. 181). Während der verhältnismäßig kurzen Verhandlung mit dem Polizisten wird eine Vielzahl von Personen (der Bursche mit der zerfressenen Nase, die Kinder, die alte

Frau, eine »fast ununterbrochene Reihe von Geschäftsdienern« u. a.)
fünf Mal in fast völlig voneinander verschiedenen Gruppierungen und
in den vielfältigsten Reaktionsweisen geschildert, bis es Karl endlich
durch den Abzug der größten Gruppe möglich wird, den Ring zu
durchbrechen und zu fliehen [11].

Diese Zuschauer in ›Amerika‹ dienen der Verlebendigung, der Intensi-
vierung des Geschehens. Ihr Dabeisein beeinflußt zwar den Verlauf,
aber soweit sie Karl nicht sonst schon funktional zugeordnet sind, sind
sie doch mehr eine Ausdrucksmöglichkeit für den Dichter, eine solche
Verhandlung dynamischer ablaufen zu lassen; das heißt, sie sind
selbständiger und nicht so streng auf den Helden bezogen, wie das bei
den Zuschauern später der Fall ist. Ihre Neugier ist eine noch psychologisch faßbare Regung. Das ändert sich schon im ›Prozeß‹ völlig. In
der siebten Zeile dieses Werkes, als Josef K. noch gar nicht richtig weiß,
was geschehen ist, sieht er sich, er liegt noch im Bett, von einer alten
Frau »mit einer an ihr ganz ungewöhnlichen Neugierde« beobachtet.
Er ist Objekt geworden. Siebenmal wird die alte Frau, die noch zwei
weitere Zuschauer zu sich herangezogen hat, während der ersten Verhandlung gegen Josef K. erwähnt [12]. Unablässig verfolgen diese
drei Zuschauer in einer völlig unbegründbaren Neugier — sie können
ja von dem, was Josef K. selbst erst erfahren hat, noch kaum etwas
wissen — die Vorgänge in K.s Wohnung. Diese Neugier ist völlig ge-
genstandslos, sie ist gewissermaßen eine abstrakte, nur um des Ausdrucks willen erscheinende Neugier. Josef K. sieht sich plötzlich als
etwas, was fremden Leuten des Anstarrens wert erscheint. Diese Zuschauer verwirren ihn ebensosehr wie die Zuschauer im eigenen Zimmer, die natürlich bei der Verhandlung auch nicht fehlen [13].

Bei der Vernehmung im Gerichtssaal werden die Zuschauer für den
Verlauf des ganzen Geschehens bedeutsam. Sie heben den »Ernst, den
K. in die Versammlung eingeführt hatte« (›Prozeß‹, S. 56), völlig auf.
Die Unterredungen mit Titorelli werden in gleicher Weise von einer
Schar verdorbener junger Mädchen gestört und in ihrem Ernst aufgehoben [14]. Wie sehr die Gehilfen, als ständige Zuschauer, auch bei
den intimsten Gelegenheiten K. durch ihre läppischen Gebärden stören
und alles, was er ernst meint und tut, ins Unsinnig-Lächerliche auflö-
sen, haben wir bei der Betrachtung dieser Begleiter schon gesehen. Hier
ist aber noch darauf hinzuweisen, daß sie gerade bei Verhandlungen
K.s mit dem Gemeindevorsteher, bei seinen Unterredungen mit der
Wirtin und bei seiner versuchten Zusammenarbeit mit Barnabas immer
wieder stören und sich dabei völlig in die Reihe der alten Frau und der

verdorbenen Mädchen im »Prozeß« einstellen [15]. Den offenbarsten
Ausdruck hat diese aufhebende Störung wohl an jener Stelle gefunden,
wo Barnabas eine von K. angegebene Botschaft notieren will und die
Gehilfen sich bemühen, diese Botschaft in ihrem Wert dadurch aufzuheben, daß sie versuchen, den Text durch »falsches Einsagen« zu zer-
stören.

Die Aufhebung durch solche Zuschauer geschieht nun wiederum nicht
in einer feindlichen Arbeit gegen die K.s; diese Figuren tun nur so, wie
sie müssen. Wenn sie stören, dann stören sie durch Handlungen, die sich
nicht gegen den Helden richten, zu denen sie vielmehr ihre eigene Körperlichkeit, ihre Funktion im Werk, wenn man so will, treibt. Sie sind
so angelegt, so geschaffen, daß ihr Dabeisein notwendig dazu beiträgt,
die Bestrebungen der K.s aufzuheben; das geschieht also gewissermaßen unabsichtlich und zeigt wieder, wie sorgfältig in der Konstruktion dieser organisierten Welt die Glieder ineinandergreifen.

6. Die Schwäche der Gesprächspartner als aufhebende Kraft

Die Räume, in denen sich die beiden Ordnungen begegnen, der Gerichtssaal, das Advokatenzimmer, Titorellis Verschlag, das Zimmer
des Gemeindevorstehers, der Bretterverschlag, in dem die Wirtin liegt,
all diese Räume sind dunkel, fensterlos oder »kleinfenstrig«, dann aber
noch durch Vorhänge verdunkelt [16]. Die Luft in diesen Räumen
ist drückend und für die K.s unerträglich, während sich ihre Gesprächspartner sehr wohl dabei befinden [16]. Von Mal zu Mal bleibt
sich auch die Stellung der Gesprächspartner gleich: Josef K. wird es
bei der ersten Vernehmung in Fräulein Bürstners Zimmer nicht erlaubt,
sich zu setzen (›Prozeß‹, S. 21); der Aufseher aber sitzt bequem und
schlägt die Beine übereinander. »Eng an den Tisch gedrückt« steht
Josef K. auch auf dem Podium im Gerichtssaal, während der Untersuchungsrichter »recht bequem auf seinem Sessel« sitzt (›Prozeß‹, S. 49).
Wir erwähnten schon, wie die Schloßbeamten dank ihrer Empfindlichkeit unter den Parteien und vor allem unter dem robusten Auftreten
K.s leiden, wie der Kanzleidirektor um Zurückversetzung ins Dunkel
bittet, welche verschachtelten Hierarchien Gericht und Schloß auf-
bauen, um Entfernung zu schaffen. Das wiederholt sich, dem niedrige-
ren Rang der Gesprächspartner der Helden entsprechend, in der ununterbrochenen Bettlägerigkeit des Advokaten und der kränklich-schat-
tenhaften Körperlichkeit des Gemeindevorstehers. Um des Ausdrucks

einer mitleiderregenden Schwäche willen ist auch die Wirtin in ihrem
erbärmlichen Bett eine »arme herzleidende Frau« (›Schloß‹, S. 114).
Wie die Schloßbeamten K.s Bemühungen aufheben, weil sie seine Gegenwart nicht ertragen, nicht aus Feindseligkeit und bösem Willen,
sondern einfach, weil sie einer anderen Sphäre angehören, einer anderen Ordnung, so wird der Angriff der K.s auch durch diese leidenden
Gesprächspartner aufgehoben. Diese haben die »Krankheit« gewissermaßen usurpiert, um dadurch der Empfindlichkeit der »Herren« ähnlicher zu sein, um sich dadurch gegen das unerbittliche Auftreten der
K.s zu schützen [17]. So wird auch die Schwäche dieser Figuren in der
Konstruktion der geschaffenen und organisierten Welt zu einer aufhebenden Kraft.

7. Über die Aufhebung selbst

Wie sich die Figuren in ihrer Funktionalität charakterisieren lassen, so
konstituieren sich die Ordnungen in der Begegnung; die Funktionen,
die dabei zum Austrag kommen, bewirken die Aufhebung. Die Rela-
tion, in der die Ordnungen zueinander existieren, ist die Aufgehobenheit. Diese ist prinzipiell vorhanden. Sie wird von den Helden immer
wieder durch die Behauptung ihrer eigenen Existenz gekündigt. Die
K.s sind wesentlich auf nichts anderes als auf diese Behauptung hin
angelegt; Behauptung ist ihr fundamentaler Existenzbeweis; der der
Gegenordnung ist die Entfernung (als Vollzug).
Der Kampf der K.s gegen das Aufgehobenwerden ist endlos, da die
Gegenordnung unerschöpflich an aufhebender Kraft ist. Er ist ebenso
endlos von den K.s aus gesehen, da sie so angelegt sind, daß sie sich
immerfort gegen die Aufgehobenheit wehren müssen. Welche Konsequenzen das für das einzelne Werk hat, werden wir noch sehen. Fragen
wir vorerst lediglich, welche allgemeinste Charakteristik dieser anscheinend ins Endlose weisenden iterativen Operation der Aufhebung
und Behauptung gegeben werden kann; ist diese Bewegung eine dia-
lektische? Gewinnt diese Bewegung ihre Motorik aus den dynamischen
Entgegensetzungen von These und Antithese? Kommt der Behauptung
der K.s der Charakter einer Negation der Gegenordnung zu? Diese
letzte Frage können wir an dieser Stelle noch nicht endgültig beantworten, da wir bisher vorzüglich die Aufhebung der K.s durch die Gegenordnung herausstellten. Ist diese Aufhebung, das können wir fragen, eine Negation der K.s? Ein echter dialektischer Bezug zwischen

den K.s und ihrer Gegenordnung ist sicherlich nicht möglich, dazu sind sich die Ordnungen zu fremd. Ja, in ›Amerika‹, da scheint es noch so, als ob eine überorganisierte Ordnung ihren Umschlag in eine organisierte Scheinordnung oder Unordnung erfahren hätte; und diese Unordnung wird nun zur Antithese Karls, der ja in der Ordnungssphäre beheimatet ist, aus der sich diese Unordnung dialektisch entfaltet hat. Führt man jedoch das Verhältnis der Ordnungen in den zwei anderen Werken, auf gewissermaßen inhaltslose formale Verläufe zurück, so sieht man, daß es sich hier um zwei einander völlig fremde Größen handelt, die in keinen echten dialektischen Bezug miteinander treten können [18]. These und Antithese bestreiten sich ja als feindliche Entgegensetzungen und ziehen eine Synthese nach sich. Beides ist bei den Kafkaschen Ordnungen nicht der Fall. Man könnte, wenn man nur die K.s im Auge hat, allenfalls Ansätze zu einer allerdings bloß rotierenden Dialektik sehen. Sie schreitet nicht fort, sie fällt nach dem ersten Schritt sofort wieder in die Ausgangsposition zurück. Der »furchtbare Ernst« der K.s und die nachlässig-empfindliche Verfassung der Behörden sind nur konjunktiv oder noch häufiger disjunktiv aneinander gebunden. Die echte Negation einer Ordnung durch die andere ist ebenso unmöglich wie eine echte Äquivalenz zweier Aussagen, wenn sie von den Vertretern beider Ordnungen gemacht werden [19]. Die Aufhebung, die das Gericht und das Schloß durch die K.s erfahren, ist im Werk prinzipiell, aber latent vorhanden. Sie wird in dem Maße Ausdruck, wie sich die Gegenwelt der K.s zur Aktion bereitfindet. Wenn die Gegenordnung von den K.s nichts will, wenn sie ihnen nicht begegnen will, dann können diese sie nicht ins Leere laufen lassen. Wenn die Gegenordnung aber zum Verhör auffordert und Fragen stellt, dann haben die K.s Gelegenheit, in ihrer Weigerung das Wesen der Organisation zu negieren; deswegen sprachen wir davon, daß von den K.s aus Ansätze zu einer Dialektik vorhanden seien.

Die Aufgehobenheit ist die abstrakte Grundbefindlichkeit dieser Ordnungen; inwieweit sie im Werk aktualisiert wird, hängt von der Aktivität der Ordnungen ab. Das heißt also, als allgemeinste Aussage über Kafkas Romane, daß *Tun* seinen pragmatischen Sinn verliert [20]; jedem Tun ist seine Aufhebung immanent, weil es bei Kafka nur Tun von einander fremden Ordnungen gibt, und diese heben ihnen seinsfremde Tätigkeit eo ipso auf. Darum wird die Wiederholung zu einer Notwendigkeit.

V. Rhythmus und Unendlichkeit

1. Vorbemerkung

Wir haben versucht, die Gleichförmigkeit gewisser Phänomene in den einzelnen Werken nachzuweisen. Zuletzt deuteten wir an, daß die Aufhebung des Tuns, das Nicht-zu-Ende-führen-können zielgebundener Aktivität, das Zurückwerfen dieser Aktivität an ihren Ausgangspunkt, die Wiederholung zur Notwendigkeit mache. Ebenso begünstigt diese Wiederholung die Gleichförmigkeit der Phänomene. Die Austauschbarkeit gewisser Formen ist als Wiederholung in die Dichtung Kafkas eingegangen. Die Geschaffenheit der Kafkaschen Welt ist die conditio sine qua non aller Wiederholbarkeit. Was einer vorhandenen Welt entnommen ist, was für Erscheinungen in ihr repräsentativ sind, ist einmalig, unaustauschbar und unwiederholbar, weil es individuell ist. Aus der Geschaffenheit der Kafkaschen Figuren resultiert weiterhin ihr radikaler Mangel an Entwicklungsmöglichkeit. Sie treten in das Getriebe der Ordnungen durch ihre Funktion ein, fertig, bis in die feinsten Bewegungen determiniert. Sie können sich lediglich verändern, wenn sich ihre Funktion ändert. Es fehlt damit der ganzen Kafkaschen Welt jede Möglichkeit zur Entwicklung. An ihre Stelle tritt das Spiel der Ordnungen gegeneinander. Dieser Mangel an Entwicklungsmöglichkeiten ist die dritte Voraussetzung für die Notwendigkeit der Wiederholung (natürlich als Variation.) Es gilt nun zu untersuchen, wann man von einem abgeschlossenen, variationsfähigen Vorgang sprechen kann.

Welche Bedingungen also müssen erfüllt sein, daß wir von einem Kafkaschen Vorgang sprechen können? Wir müssen gewissermaßen die »Leerform« ermitteln, die Variable, das kleinste gemeinsame Vielfache aller Vorgänge. Aus der Folge der konkreten Variationen dieser Leerform muß sich dann der Rhythmus der einzelnen Werke ergeben. Wir haben bisher immer wieder Entsprechungen aus allen drei Werken zusammengetragen; nun stellen wir alles wieder in den Werkzusammenhang zurück, da es gilt, diese stereotypen Planetarien einmal als zusammenhängende Ganze in Bewegung zu sehen.

2. Beschreibung eines vollständigen Vorgangs bei Kafka

Der Vorgang beginnt erst in dem Augenblick, in dem die *Störung* ein-

tritt. Sie liegt im ›Prozeß‹ vor dem Beginn des eigentlichen Werkes, da
ja nicht Josef K. gestört wird, sondern das Gericht. Es wird angezogen
von der »Schuld« Josef K.s. Da aber durch den Helden erzählt wird,
setzt die Erzählung erst in dem Moment ein, als dieser die Auswirkun-
gen der durch ihn verursachten Störung des empfindlichen Gerichtsorganismus zu spüren bekommt. In ›Amerika‹ beginnt der Vorgang erst
in dem Augenblick, als Karl von der ungerechten Behandlung des Heizers durch Schubal erfährt. In diesem Augenblick wird die Welt der
Scheinordnung durch das reinere Rechtsempfinden Karls gestört. Nur
im ›Schloß‹ fällt die Störung mit dem Anfang des Werkes zusammen.
Diese Störungen widersprechen den herkömmlichen Anfängen in der
Epik. Bei Kafka gibt es keine Ausbreitung der Welt, in die der Vorgang dann hineingestellt wird, keine Anbahnung; lediglich ›Amerika‹
enthält noch Andeutungen einer solchen Anbahnung. Wenn der ›Prozeß‹ beginnt, sind die beiden Ordnungen schon aufgerufen, hat die
Auseinandersetzung schon begonnen. Die erste Situation, die durch die
Störung eingeleitet wurde, impliziert schon den ganzen möglichen
Verlauf bis zum Ende des ersten Vorgangs, der durch die erste Aufhebung markiert wird. Da aber die Ordnungen danach automatisch in
die Ausgangsbefindlichkeit zurückfallen, ist schon wieder die Möglichkeit zu einer erneuten Störung und damit auch zu einer erneuten
Aufhebung gegeben. Die Störung leitet also den Vorgang ein, indem
sie die Gegenordnung gewissermaßen weckt, sie auf den Plan ruft und
so den unvermeidlichen Verlauf heraufbeschwört. Die K.s sind für die
jeweilige Störung verantwortlich. Sie zwingen die Gegenwelt, sich mit
ihnen zu befassen. Das macht sie in deren Augen schon schuldig. Die
»Beweislast« für den Grund der Störung wird den K.s aufgeladen.
Unser Begriff »Störung« ist, das versteht sich von selbst, von der Gegenordnung der K.s her gedacht. Die K.s können aber nicht als Störung
gelten lassen, was für sie einfach Existenzbehauptung ist. Das heißt,
wenn sie die Störung zurücknehmen wollten — das verlangt die Gegenordnung —, dann müßten sie ihre eigene Existenz aufheben; diese
aber wollen sie gerade behaupten, und deswegen stören sie. Und diese
Störung wiederum hebt die Gegenwelt in der schon mehrfach angedeuteten Weise auf; daß sie damit die Existenz der K.s aufhebt, geschieht
gewissermaßen unabsichtlich und nebenbei.
Die Aufhebung ist die Zäsur, die den Vorgang abschließt. Das ist die
Kafkasche Variable, die Leerform, in deren vielfältiger Erfüllung das
Werk entsteht.
Wir können hier auf eine ausführliche Darstellung der Ausdrucksele-

mente, in denen sich Behauptung und Aufhebung manifestieren, verzichten, da wir immer wieder darauf hingewiesen haben. Lediglich über den Verlauf von der Behauptung bis zur Aufhebung wäre noch einiges hinzuzufügen: Behauptung und Aufhebung können Satz für Satz, auch in einem einzigen Satz erfolgen. Uns kommt es hier nicht so sehr auf den einzelnen Satz, als vielmehr auf den Vorgang an. Dieser bedarf zur Vollständigkeit einer weitläufigeren Bewegung. Meist steht ein Aussagesatz, eine versuchte Feststellung am Anfang einer solchen Bewegung. Dieser Satz, sei er eine Behauptung der K.s, sei er eine für sie günstige Feststellung, wird nun nicht sofort aufgehoben, sondern zunächst in seinem Aussagewert eingeschränkt, die in ihm angelegte Positivität wird reduziert. Dieses Reduzieren ist ein Einschränken, das Schritt für Schritt vorwärtsgetrieben wird, bis der anfängliche Sachverhalt annulliert oder gar in sein Gegenteil verkehrt ist. Eine Formel für diese Einschränkungsbewegung läßt sich nicht finden: die Konkretisationen sind mannigfaltig, aber als allgemeiner Vollzug immer wiederkehrend. Ein Gespräch kann insgesamt eine große Einschränkungsbewegung mit anschließender Aufhebung vollziehen und in sich noch einige Spiegelungen dieser Bewegung enthalten. Die Bewegung kann direkt unterbrochen werden durch eine scheinbar aufbauende (im Sinne der K.s hoffnungsfördernde) Reihe von Sätzen; und plötzlich schlägt auch sie wieder in die Einschränkung und endgültige Aufhebung um.

Verdeutlichen wir das an einem Beispiel: der erste Teil des Gesprächs, das Josef K. mit Titorelli über die drei Möglichkeiten führt, endet mit der Feststellung, daß Josef K. gar keine Hilfe brauche, wenn er unschuldig sei (›Prozeß‹, S. 164). Dieses Ergebnis scheint zwar günstig zu sein, hebt aber den Besuch K.s als unnötig auf; dies ist aber doch nicht der Fall, wie sich zeigt. Josef K. rekapituliert den Gesprächsverlauf und stellt die von uns erwähnte Bewegung selbst fest: »Sie haben früher die Bemerkung gemacht, daß das Gericht für Beweisgründe unzugänglich ist, später haben Sie dies auf das öffentliche Gericht eingeschränkt, und jetzt sagen Sie sogar, daß der Unschuldige vor dem Gericht keine Hilfe braucht.« Nachdem Titorelli alle scheinbaren Widersprüche geklärt hat, beginnt er eine für Josef K. äußerst hoffnungsvolle Feststellungsreihe über die »scheinbare Freisprechung« (›Prozeß‹, S. 167 f.). Sofort aber setzt eine noch ausführlichere Reihe von Einschränkungen ein (›Prozeß‹, S. 169f.), die dann in einer endgültigen Aufhebung dieser Möglichkeit für K. endet. Die Diskussion der dritten scheinbaren Möglichkeit verläuft ebenso: zuerst Aufbereitung hoff-

nungsvoller Tatsachen und darauf konsequente Einschränkung bis zur
Aufhebung [1]. Der Umschlag von der Aufbereitung hoffnungsför-
dernder Feststellungen zur Einschränkung vollzieht sich in einer be-
schränkten Anzahl syntaktischer Konstruktionen, die für die Prosa
Kafkas ungemein charakteristisch sind. Kafka gebraucht, um die Einschränkung einzuleiten, fast immer die gleichen Partikeln: »freilich«,
»allerdings«, »natürlich« (daneben auch noch »übrigens«, »trotzdem«,
»zwar . . . aber«). Wenn Olga den beleidigten Schloßboten zu finden
hofft, so wird diese Hoffnung eingeschränkt: »Freilich, ein Diener
gleicht dem anderen . . .« (›Schloß‹, S. 254); oder »Freilich, was war an
diesen Erzählungen Glaubwürdiges?« (›Schloß‹, S. 259); oder: »›voll
beschäftigt‹ freilich im Sinne der Parteien, was natürlich noch bei wei-
tem nicht . . .« (›Schloß‹, S. 307) [2].
Ebenso häufig verwendet Kafka die Worte »allerdings« und »natürlich«. Beide dienen dazu, eine gemachte Feststellung mit ungemein
emphatischer Selbstverständlichkeit einer Einschränkung zu unterwerfen; so, als dürfe die eben getroffene Feststellung unter keinen Umständen ohne diese Einschränkung stehen bleiben, ja, als gehöre es geradezu wesensmäßig zu dieser Feststellung, daß sie bis auf einen mini-
malen Bestandteil ihres ursprünglichen Aussagewertes eingeschränkt
werde. Die Nebensätze, die diesen Feststellungen folgen, mit »allerdings« und »natürlich« eingeleitet, stürzen sich gewissermaßen in die
Hauptsätze hinein, um den festgestellten Tatbestand nur möglichst
rasch zu reduzieren. Oft bezieht sich die Einschränkung auch als attri-
butiver Nebensatz auf das Subjekt des Hauptsatzes und vermindert
die Feststellung schon, bevor sie überhaupt ganz zu erscheinen vermag.
(»Diese zwei Briefe . . . sind seit drei Jahren das erste, allerdings noch
genug zweifelhafte Gnadenzeichen . . .«; ›Schloß‹, S. 265) [3]. So können indikativische Inversionen dieser Einschränkung dienen [4]. Sie
kann in unermüdlicher Akribie Stufe für Stufe entwickelt werden [5].
Selbstverständlich kann ein mit »allerdings«, »freilich« und ähnlichen
Partikeln durchsetzter Abschnitt auch einzelne Behauptungen enthalten; aber die dominierende Bewegung wird in diesem Falle immer die
der Einschränkung auf den Nullpunkt, auf die endgültige Aufhebung
hin sein [6].
Der Rhythmus eines Kafkaschen Werkes begreift sich nun aus der Anordnung der Vorgänge, aus der Weise, wie in diesen Behauptung
und Aufhebung verwirklicht werden.

3. Anwendung auf die Werke

a) ›Amerika‹

Karl stört mit dem Heizer, für ihn, die Ordnung der »Hauptkassa«, die Rechtsordnung des Schiffs. Er wird vom Diener gejagt, wie »ein Ungeziefer« (S. 21). Seine Bemühungen um das »Recht« werden letztlich durch den Onkel aufgehoben. Karl ist es, als habe er auf »einen Schatz« verzichtet (S. 41), er weiß nicht, ob der Onkel ihm den Heizer ersetzen kann (S. 43).

Diese Aufhebung der Bemühungen Karls um das Recht des Heizers ist die erste Zäsur in diesem Werk. Sie wird noch nicht so wirksam, weil durch sie Karls Schicksal momentan zum Guten gewendet wird. Die Verbannung durch den Onkel, die Bestrafung im Hotel, die mißlungene Flucht vor dem Polizisten und die daraus folgende Gefangenschaft bei Brunelda, das sind die weiteren Aufhebungen der Rechtsordnung Karls in Amerika. Diese Aufhebungen erfolgen, ohne daß Karl als bewußter Störer der anderen Ordnung gegenübergetreten wäre. Sie bereiten sich in langen Anläufen vor, durch vielfältige Verflechtungen, von denen Karl nichts weiß, und kommen daher für ihn überraschend. Der Rhythmus der durch diese Aufhebung bestimmten Vorgänge ist deshalb weitausholend, langatmig und von großen Intervallen selbständigen epischen Geschehens getragen. Weil aber den Aufhebungen keine sichtbaren Störungen vorangehen, weil sie das Geschehen nach der vorhergehenden Aufhebung wieder beruhigt, Karl immer wieder neue Vorsätze faßt usw., deswegen brechen die Zäsuren unvorhergesehen und jäh ein. Der Rhythmus der Vorgänge ist in ›Amerika‹ zwar gemäßigter als in den anderen Werken, die einzelnen Schläge aber sind stärker. Die Umschlaghöhe ist größer als in der eingeebneten Stimmungssphäre der späteren Romane. Trägt diese Reihe von Vorgängen den Keim einer endlichen Entfaltung und Wiederholung in sich, oder ist eine endlose Reihung möglich? Der Roman ist unvollendet geblieben. Er schließt mit einem Kapitel, das völlig aus der im sonstigen Werk konstituierten Welt herausfällt. Wir haben dieses »Naturtheater in Oklahoma« bisher noch kaum beachtet. Kafka soll, nach Brods Aussage, angedeutet haben, daß Karl in diesem »fast grenzenlosen Theater« »Beruf, Freiheit, ja sogar die Heimat und die Eltern wie durch paradiesischen Zauber wiederfinden werde« [7]. Kafka beabsichtigte also, Karl nicht endgültig scheitern zu lassen; das Werk sollte sogar ein gutes Ende haben. Aber gerade der Umstand, daß es dazu eines »paradiesischen Zaubers« bedarf, scheint uns darauf hinzuweisen, daß es Kafka nicht möglich war, auf der Ebene der übrigen Kapitel ein Ende zu finden. Und das ist leicht einzusehen. Entweder muß Karl seine eigene Rechtsordnung und damit alle Wurzeln seiner Existenz preisgeben, oder er wird immer wieder von der Gegenordnung, die sich ihrerseits keinesfalls ändern kann, aufgehoben werden. Daß es einfach unmöglich ist, Karls Ordnung zu opfern — das Werk müßte zu einer Farce entarten —, beweist Kafka dadurch, daß er in seinem »paradiesischen« Schlußkapitel ein Bild der Gegenordnung Karls entwirft, wie es auf der Wirklichkeitsebene der vorhergehenden Kapitel schlechterdings unvorstellbar gewesen wäre. Wie sehr Kafka seinem sonst geübten Prinzip der Aufhebung Gewalt antut, zeigt sich deutlich an der im ganzen Werk des Dichters einmaligen Art der Verhöre und Vernehmungen in diesem Kapitel. Stellen wir ein Verhör aus dem Prozeß daneben: »Ich bin keineswegs sehr überrascht«, sagt Josef K.; darauf der Aufseher: »Nicht sehr überrascht?«

Man kennt diese Verhandlungsführung: der Aufseher reagiert so auf jedes Wort K.s, als habe dieser schuldbewußt seine Verhaftung vorausgeahnt. Hier weicht der Partner aus, stellt verwirrende und verfängliche Zwischenfragen, um den Helden in Verlegenheit zu bringen. Im »Naturtheater von Oklahoma« sind die Fragen »sehr einfach, ganz unverfänglich, und die Antworten wurden überdies nicht durch Zwischenfragen nachgeprüft« (›Amerika‹, S. 279). Es ist ganz zweifellos, daß Kafka hier einen genauen Gegensatz zu seinen sonstigen Verhören, die die Existenz des Verhörten aufheben müssen, konstruiert hat. Wenn Karl antwortet, macht er sich immer in Gedanken klar, in welcher Richtung der »Herr« jetzt verfänglich weiterfragen könnte; dadurch wird der Kontrast zwischen einem üblichen und diesem überirdischen Verhör so recht deutlich, denn der »Herr« fragt natürlich nicht verfänglich weiter und stellt »statt dessen« (S. 280) wieder ganz leicht zu beantwortende Fragen. Wenn Karl einmal glaubt, durch die Erfahrung bei anderen Verhören belehrt, daß er jetzt etwas Falsches gesagt hat, wird seine Angst durch den »Herrn« zu guter Letzt durch ein Kopfnicken zerstreut: »Karl schien richtig geantwortet zu haben« (S. 280). Von diesem Herrn kann sogar gesagt werden, daß ihm »an der genauen Bestimmung« der Frage »immer sehr viel« liegt, während doch sonst die Gesprächspartner der Helden verwirrende, scheinbar völlig ziellose Fragen stellen.

Das mag genügen, um zu beweisen, daß Kafka einen fast ironischen Kontrast zu den vorhergehenden Kapitel schaffen mußte, um Karl das

»Aufgenommen« zuteil werden zu lassen. Damit beweist er indirekt,
wie sehr Karl bei gleichbleibendem Verlauf des Werkes zu endlosem
Scheitern verurteilt gewesen wäre. Eine gewisse Relativierung wird
dadurch in die Endlosigkeit der Auseinandersetzung der Ordnungen
in ›Amerika‹ hineingetragen, daß Karl nach Europa zurück kann.
Diese Ordnungen können sich also noch ausweichen, während die Ordnungen der völlig empiriefreien, der nur noch geschaffenen Welt in den
zwei anderen Werken unabdingbar konfrontiert sind.

b) ›Der Prozeß‹

Der weiträumige Rhythmus in ›Amerika‹, der eigentlich nur ein
Rhythmus der Bestrafung Karls ist, findet sich im ›Prozeß‹ nicht mehr.
Die Aufstellung der, man möchte sagen, sorgfältig aufeinander abge-
stimmten Ordnungen, deren Auseinandersetzung sich in einer präzise
funktionierenden Figurenreihe *abspielt*, diese Aufstellung erlaubt keine getragene Rhythmik mehr. Vor allem ist der Rhythmus jetzt nicht
mehr so einseitig auf die aufhebende Zäsur beschränkt; die Störung
durch Josef K. ist nicht nur prinzipiell, nicht nur in der gewissermaßen
transzendentalen Konfrontierung vorhanden: die Störung ist jetzt als
Existenzbehauptung Josef K.s Ereignis geworden.
Die Wächter dringen in K.s Zimmer, weil die Schuld das Gericht an-
zieht. Die Störung geht also von Josef K. aus. Will er sich verteidigen,
seine Unschuld betonen, so heben die Wächter jede Verteidigung auf,
da er ja zugeben muß, daß er das Gesetz nicht kennt; wie kann er da
behaupten, schuldlos zu sein. Daran reiht sich sofort die weitere Aufhebung durch den Aufseher, der jede Diskussion unmöglich macht, da
er nur ein ganz niederer Beamter ist, der K. nur die Mitteilung zu
machen hat, daß er verhaftet ist. Die erste Aufhebung wird also bewirkt, weil K. das Gesetz nicht kennt, die zweite dadurch, daß der
Aufseher in diese Dinge nicht eingeweiht ist. Damit ist für das Gericht
vorerst alles getan. Es hat auf die Störung durch die »Schuld« Josef
K.s geantwortet. Nun beginnt aber K. selbst zu arbeiten: (im Sinne der
Konstruktion könnte man sagen, er beginnt zu funktionieren): Er hat
das Gefühl, daß er in der »ganzen Wohnung der Frau Grubach« eine
»große Unordnung« (S. 27) verursacht habe, und »daß gerade er nötig
sei, um die Ordnung wieder herzustellen«. Ja, er glaubt sogar, daß
Frau Grubach ihm kündigen müsse, wenn sie ihre Pension reinerhalten
wolle (S. 32). K. stört die Ordnung in der Pension. Damit beginnt in
diesem Werk eine zweite Reihe von Vorgängen, die sich in die, die di-

rekt auf das Gericht bezogen ist, hineinschlingt. Die Leerform ist auch für sie gültig. K. hat das Leben in der Pension gestört, seine Bemühungen, es wieder zu beruhigen, unterliegen der Aufhebung. Die Aussprache mit Frau Grubach (S. 28ff.) und die zwanghafte Wiederholung des Verhörs vor Fräulein Bürstner (S. 33f.) heben die Störung nicht auf, stellen nicht die Ordnung wieder her, sondern heben K.s Bemühungen um die Ordnung auf, machen die Unordnung noch größer. Die dritte Reihe von Störung und Aufhebung setzt unmittelbar danach in der Bank ein (S. 41ff.): aufhebende Kraft ist der Direktor-Stellvertreter. Dann springt das Geschehen wieder in den Bereich des Gerichts: K. dringt in den leeren Gerichtssaal ein, unterstützt von der Frau des Gerichtsdieners (Störung), sie wird ihm fortgetragen (Aufhebung); er erkennt dies selbst als seine »erste zweifellose Niederlage« (S. 68). Sein Vorstoß in die Kanzleien (Störung) endet mit einer Ohnmacht, er wird hinausgetragen (Aufhebung). Danach wieder ein Verlauf in der Pension: um eine Störung zu bereinigen, sucht er eine Aussprache und erfährt: »Aussprachen werden weder bewilligt, noch geschieht das Gegenteil« (S. 89). Im folgenden Kapitel findet sich die einzige Stelle, die eine positive Reaktion auf eine Aktion K.s enthält. Aber diese Reaktion fällt nun wieder so aus, daß K. alles tun muß, um sie rückgängig zu machen, um seine eigene verursachende Handlung aufzuheben, weil das, was er erwirkt hat, eine Störung der Ordnung der Bank ist (»Der Prügler«, S. 93ff.).

Die Bemühungen seines Onkels um ihn, für den der Prozeß eine empfindliche Störung der Familienruhe ist, hebt Josef K. selbst auf. Die nächste aufhebende Kraft ist der Advokat. Darauf folgt unmittelbar, K. denkt noch über die Aufhebung durch den Advokaten nach, der Direktor-Stellvertreter, um seine Existenz, seine berufliche Stellung zu untergraben (d. h. aufzuheben) [8]. Es folgen die Existenzbehauptungen bei Titorelli, noch einmal beim Advokaten und beim Gefängniskaplan; sie alle unterliegen der Aufhebung.

Das ist der letzte der in das Werk eingegangenen Versuche Josef K.s, sich zu behaupten, seinen Prozeß zu beenden. Da das Gericht behauptet, nur von Schuld angezogen zu werden, von Josef K. aber angezogen wird, muß jeder Versuch K.s, seine Unschuld zu erweisen, den Prozeß also gar nicht richtig beginnen zu lassen, eine Handlung gegen das Gericht sein, eine Störung seiner Ordnung. Alle anderen Angeklagten fügen sich; Josef K. stört und darum müssen seine Bemühungen aufgehoben werden.

Drei Verlaufsreihen weist der Prozeß auf: die Pension, die Bank und

das Gericht. Wir konnten hier nicht alle Verlaufsreihen auch nur andeuten; denn, das ist ja gerade der Fortschritt gegenüber ›Amerika‹,
die Konstruktion ist hier lückenlos; die drei Verlaufsreihen sind vielfältig ineinander verschlungen. Eine Bemühung folgt der anderen,
ebenso notwendig eine Aufhebung der anderen. Die Pension, das Gericht, die Bank, es ist eigentlich gleichgültig, wo der Verlauf einsetzt,
überall funktionieren die Figuren in der gleichen Weise. Der Rhythmus dieser Vorgänge ist kurzatmig, hart und schlagend. Es gibt keine
Ruhepause, kein Abschweifen und keine Ausweichmöglichkeit. Die
Auseinandersetzung der Ordnungen wird nicht durch lange Schilde-
rungen unterbrochen, bei denen K. etwa nur Zuschauer wäre, wie Karl
in ›Amerika‹, im Gegenteil, wo K. auch immer ist, überall ist er im
Prozeß. Wenn er auf der Straße geht, wird über ihm in den Fenstern
gelacht, wenn er im Büro sitzt und über seinen Prozeß nachdenkt, tritt
der Direktor-Stellvertreter lachend ein, wenn er abends heimkommt,
glaubt er eine Wache vor seinem Haus zu sehen . . .! Sein ganzes Denken ist eine ununterbrochene Bemühung um die Behauptung seiner
Existenz; die Vorgänge, die eingeschaltet werden, heben diese Bemühung völlig automatisch auf. Natürlich fehlen hier auch alle Wendungen zum Guten, die in ›Amerika‹ die großen Intervalle bilden halfen.
Dank dieser atemlosen Rhythmik der Vorgänge hat man den ›Prozeß‹ immer wieder als »dramatisch« bezeichnet [9] und hat ihn auch
auf die Bühne und in den Rundfunk gebracht [10]. Es würde hier zu
weit führen, die beiden Bearbeitungen mit dem Original zu vergleichen. Es sei nur darüber gesagt, daß vom ursprünglichen Werk nur
noch schwache und etwas schiefe Inhaltsangaben übrig geblieben sind.
Trotz seiner scheinbaren Dramatik hat sich dieses Werk gegen jede
Dramatisierung gesträubt. Und warum? Weil die Sprache episch ist und
weil bei Kafka alles nur durch die Sprache konstituiert wird. Weil die
Variationen der Leerform als Wiederholungen jeder Dramatik ent-
behren. Weil es in dieser Prosa keine Repräsentation des durch Schauspieler vollziehbaren Handelns gibt. Tätigkeit ist alles in diesem Werk,
aber das Tun ist seines bewirkenden Charakters beraubt. Soweit es als
Tun erscheint, ist es Diskussionsbeitrag in der Auseinandersetzung der
Ordnungen. Das Tun ist nicht mehr in der Sphäre des bloßen Handelns
belassen, es fördert vielmehr, wie alles andere, das Denken in Ordnungen. Sobald aber diese Vorgänge aus dem sie allein dichterisch konsti-
tuierenden Medium des Wortes herausgerissen werden und durch das
Medium der Gestalt, durch den Schauspieler auf der Bühne sichtbar
gemacht werden, verliert die Konfrontierung der Ordnungen ihren

eigentlichen Charakter. Die totale Vorstellung, die durch das Wort im
Buch bewirkt wird, wird auf der Bühne zu einer mühsamen optischen
Wahrnehmung, die schon darum jeder Kafkaschen Wirkung beraubt
ist, weil sich kein Schauspieler dem charakterisierenden Bewegungsmechanismus der einzelnen Figuren unterwerfen kann. Die Sprache selbst
entartet zum Dialog, der mit These und Antithese operiert. Der Rundfunk hat zwar der Bühne gegenüber den Vorteil, daß er eine totale
Vorstellung anstreben und alles in ihr belassen kann. Sobald aber die
einzelnen Figuren nur noch durch ihre »Aussagen« existent werden,
werden sie aus der epischen Verflechtung des Werkes herausgerissen
und verlieren ihre »Deutlichkeit«, weil eine menschliche Stimme sie
nicht in ihrer Funktionalität, in der auch die Bewegung mitgesetzt ist,
zum »Ausdruck« bringen kann. Die Reproduktion im Rundfunk
kann zweifellos weiterführen als die Bühne (die bisherigen Bearbeitungen haben das zwar nicht getan), aber auch sie hat wenig Aussicht,
dem Werk völlig gerecht zu werden. Man fühlt sich an das Wort Döb-
lins über ›Don Quichotte‹ erinnert: »Das Buch Don Quichotte kann
keiner zum Drama verarbeiten, denn es passiert da hundertmal in immer neuen Abwandlungen dasselbe« [11].

Was den ›Prozeß‹ in die Nähe des Dramatischen zu stellen scheint, ist
seine Geschlossenheit; als einziger der drei »Romane« scheint er einen
»Schluß« zu haben. Wir haben dieses Schlußkapitel bisher völlig außer
acht gelassen. Josef K. wird hingerichtet, die Variation der Vorgänge
hört auf. Kafka konstruiert hier kein ironisches Schlußkapitel, er bleibt
völlig in der von ihm geschaffenen Welt und trotzdem möchten wir
behaupten, daß auch dieses Schlußkapitel kein echtes Ende ist. Um es
überspitzt deutlich zu machen: hätte Kafka das Spiel der Ordnungen
in Fadenspulen (wie Odradek) oder in Zelluloidbällen (s. Blumfeld)
konkretisiert, so wäre die Möglichkeit der unendlichen Wiederholbarkeit auch »äußerlich« zum Ausdruck gekommen. So hat er aber neben
die nichtendenmüssende Hierarchie der Behörde einen, sagen wir einmal, biologisch endlichen Menschen gesetzt. Dieser muß enden, aber
das, was er als Ordnung ist (als Sein), kann nicht enden. Es besteht im
›Prozeß‹ keine Notwendigkeit, daß die Wiederholung der Vorgänge
abbricht. Josef K. hört einfach auf, seine Behauptungen fortzusetzen,
weil er einsieht, daß jeder Behauptung notwendig eine Aufhebung
folgt. Er ist dieses Spiels müde geworden. Er will nicht »begriffsstüt-
zig« (S. 236) sein: »Soll man mir nachsagen dürfen, daß ich am Anfang
des Prozesses ihn beenden wollte und jetzt, an seinem Ende, ihn wieder beginnen will?« (S. 236) fragt er sich. Er könnte also weiter pro-

zessieren. Vom Gericht aus ist kein Zwang zum Ende da. Im Gegenteil,
man hat ihm zwei »halbstumme, verständnislose Herren« geschickt,
und hat es ihm »überlassen«, sich »selbst das Notwendige zu sagen«
(S. 236). Er bestimmt den Weg, die Herren gehorchen ihm; er könnte
einen Polizisten zu Hilfe rufen, ja, der Polizist scheint von sich aus
eingreifen zu wollen, da »zog K. mit Macht die Herren vorwärts«
(S. 237) [12]. Kurz vor seinem Ende überlegt K. noch: »War noch
Hilfe? Gab es *Einwände*, die man vergessen hatte? Gewiß gab es solche. Die Logik ist zwar unerschütterlich, aber einem Menschen der leben will, widersteht sie nicht« (S. 239). Die »Logik«, daß der Prozeß
nicht beendet werden kann, daß jeder Existenzbehauptung notwendig
die Aufhebung folgt, diese Logik ist zwar unerschütterlich, aber der
Lebenswille eines Menschen durchbricht sie insofern, als er das Leben
trotz dieser Aussichtslosigkeit weiterlebt und seine Existenz trotz der
immerwährenden Aufhebung weiter behauptet. Es gibt ja noch »Einwände«, das sind Existenzbehauptungen, die er noch nicht gemacht
hatte, aber K. hat nicht mehr die Kraft, nicht mehr den Willen, sich
weiter zu behaupten, deshalb liefert er sich gewissermaßen freiwillig
ans Messer. Dieses Ende ist also willkürlich und nicht notwendig. Vielleicht hat Kafka dieses Ende einer Konvention zuliebe herbeigeführt,
weil ein Roman eben ein Ende haben muß. Döblin sagt, es sei »bloß
zufällig und bloß äußerlich angeklebt, daß Don Quichotte auch mal
stirbt« [13]. Das gilt, recht verstanden, auch für Kafka. Dieses
»Ende« widerspricht also der »unbegrenzten Form« [13] dieser Dichtung nicht. Die Frage ist nur, wie lange es ein Mensch ertragen kann,
seine Existenzbehauptung immerfort aufgehoben zu sehen. Dieses »wie
lange« ist auf die Endlichkeit des einzelnen Menschen bezogen, beein-
trächtigt aber nicht die unendliche Wiederholbarkeit der Leerform, daß
jede Existenzbehauptung der einen Ordnung von der anderen als eine
Störung empfunden wird und sie deshalb diese Behauptung aufheben
muß. Don Quichotte ist auch ein sterblicher Mensch, deshalb ist die
Möglichkeit der Don Quichotterien doch unbegrenzt! Dieses Verhältnis eines Seienden zu einem anderen, dieses so angelegten Menschen zu
seiner so angelegten Umwelt, das ist das Ewige, das in unendlicher
Folge ganz bestimmte, in ihrem Verlauf vorhersehbare Vorgänge bewirkt; dadurch wird die biologische Endlichkeit aufgehoben, sie wird
zu einem prinzipiell nicht mehr wichtigen Substrat, weil auf die transzendentale Befindlichkeit der Ordnungen als auf das Ausdrucksfunda-
ment des Werkes zurückgegangen werden muß. Diese Überlegung mag
genügen, um nicht nur in ›Amerika‹, sondern auch im ›Prozeß‹ ein auf

Unendlichkeit angelegtes Verhältnis der Ordnungen zu erkennen.
Im ›Prozeß‹ lösen drei verschiedene Reihen von Vorgängen einander ab. Diese Kreise funktionieren ununterbrochen. Einen eigentlichen privaten Kreis, der für K. Ausruhemöglichkeit geboten hätte, wie der Onkel und die Oberköchin zeitweise für Karl in ›Amerika‹, hat Kafka zwar beabsichtigt, aber nicht vollendet. Und, so scheint es uns, das mit gutem Grund: die »Fahrt zur Mutter« und die echte Freundschaft zum Staatsanwalt Hasterer [14] hätten die Unabdingbarkeit des Prozesses geschwächt. Das von K. aus gesehen hoffnungslose Gleichgewicht von Existenzbehauptung und Aufhebung hätte gelitten. Mutter und Freund sind im Kreise dieser funktionierenden Figuren Fremdkörper. K. hätte die Anstrengungen, die von diesem »privaten« Kreis aus für ihn gemacht worden wären, der Intention des Werkes gemäß, selbst aufheben müssen, so, wie er die Bemühungen des Onkels aufhebt. Im Falle des Onkels ist es noch einigermaßen durch Leni gerechtfertigt, weil er sie für seine Zwecke einsetzen will und darum den Onkel vernachlässigt; aber schon hier deutet sich ein fataler Zug an, daß K. immer zu seinem eigenen Schaden handelt. Dieser Zug ist, der Konstruktion des Werkes gemäß, nur berechtigt, wenn er durch seine Behauptung stört und die Aufhebung verursacht. Würde er aber dem Freund und der Mutter gegenüber ebenso handeln, so würde das »ideale« Verhältnis (im Sinne des Ausdrucks) K.s zur Behörde mißkreditiert werden, weil er dann selbst den Beweis liefern müßte, daß er auch seinen engsten Helfern gegenüber so handelt, daß er stört und aufgehoben werden muß oder sich selbst aufhebt. Daß Mutter und Freund zu wirklichen Helfern werden könnten, ist überhaupt nicht denkbar; das würde dem Werk in seiner ganzen Anlage widersprechen. Wirkliche Hilfe gibt es für K. nicht; er muß seine Existenz allein behaupten; wer sich ihm zur Seite stellt, wird mit aufgehoben (wie die Frau des Gerichtsdieners) oder schadet ihm (wie Leni).
Kafka beschränkt sich also auf die drei genannten Kreise, die er in ihrem Zusammenwirken gegen K. zeigt.

c) ›Das Schloß‹

Im ›Schloß‹ gibt es diese Kreise nicht mehr. Hier ist alles so eng ineinander verflochten, daß einer dem anderen die Hand reichen kann gegen K., ohne daß der Schauplatz gewechselt werden muß. Die großen Intervalle in ›Amerika‹, die sich auch durch örtliche Veränderungen konstituierten, die die verschiedensten Kreise gegen Karl heranschwemm-

ten, wurden im ›Prozeß‹ gewaltig verkürzt, die Kreise selbst auf drei
reduziert, im ›Schloß‹ nun wird alles noch mehr eingeengt und eingeebnet. Hier gibt es keine Stadt mehr, die von den Dachböden nichts
weiß, hier ist das Schloß überall und ein Ausweichen ist gänzlich unmöglich. Im ›Prozeß‹ kehrt K. immerhin noch zuweilen zu sich selbst
zurück, es gibt lange Partien, in denen er seine Lage überdenkt (S. 123
bis 138), zwar durchaus unter dem ununterbrochenen Einfluß des Prozesses, aber noch nicht in jeweils direkter Berührung mit der Behörde.
Die einzelnen Vorgänge sind noch deutlicher voneinander abgehoben,
als immer wieder neue Anläufe K.s erkennbar, sie sind noch nicht so
vollkommen ineinander verschlungen wie im ›Schloß‹. Der Aufhebung
geht im ›Prozeß‹ ein deutlicher Behauptungsversuch K.s voraus, deshalb ist die Aufhebung selbst eine wirkliche Zäsur. Obwohl der Prozeß ununterbrochen läuft, haben die Aktionen Josef K.s gewissermaßen noch mehr Profil, als die K.s im ›Schloß‹. Hier wird alles in
einem viel größeren Maße zur Diskussion. In dem Augenblick, in dem
K. in das Dorf kommt, beginnt die Störung und für K. damit der
Zwang zur Behauptung. Die Behauptung ist eine permanente; ebenso
geht die Aufhebung mehr und mehr in einen Dauerzustand über, dem
allerdings immer wieder aufs neue hervorragender Ausdruck verliehen
wird. Die Gehilfen, die K. als ständige Begleiter beigegeben sind, sind
ein Ausdruck der Permanenz dieser Aufhebung. Die Umschlaghöhe
von der Behauptung zur Aufhebung ist, verglichen mit ›Amerika‹
und ›Prozeß‹, viel geringer geworden. Die beiden Bewegungen sind
in eine Zuständlichkeit übergegangen, die den Rhythmus zu einer mo-
notonen Einförmigkeit bringt. Der Einzelvorgang ist so sehr in seine
Wiederholung und in seinen Antecessor verflochten, daß sich die Zäsuren ineinander verschieben. Wenn wir uns eines Ausdrucks der Musik
bedienen dürfen, können wir sagen, daß Kafka hier mit versetzten
Betonungen, mit Synkopen arbeitet. Man könnte die Rhythmik der
drei Werke auch graphisch durch Sinuskurven voneinander abheben:
›Amerika‹ müßte dabei durch großbogige Kurven dargestellt werden,
mit einem jeweils sehr steilen Abfall zum Nullpunkt. Im ›Prozeß‹
würde schon eine größere Anzahl kleinbogigerer Kurven, in voneinander verschiedenen Phasen, eine permanentere Aufhebung deutlich machen müssen. Im ›Schloß‹ wäre die Permanenz der Aufhebung durch
eine noch größere Anzahl von Kurven mit noch geringeren Scheitel-
höhen und noch vielfältigerer Phasenverschiebung darzustellen.
Die Gehilfen heben K.s Existenz beim Vorsteher, in der Wirtsstube des
Brückenhofes, bei den Gesprächen mit der Wirtin, bei den Unterhal-

tungen mit Frieda auf, ehe die Situationen selbst soweit gediehen sind,
daß die Behauptungen K.s schon aufgehoben werden müßten. Mitten
in die Verhandlungen mit Momus drängt sich die Wirtin mit ihren
Aufhebungen. Die Briefe Klamms und die Eröffnungen Erlangers, die
Mitteilungen des Jeremias und Olgas platzen gewissermaßen in Situationen hinein, wo sich K. gerade von einer vorausgegangenen Aufhebung erholen oder eine neue Behauptung ins Werk setzen will.

Wir erwähnten schon, daß in ›Amerika‹ das transzendentale Verhältnis
der beiden Ordnungen gewissermaßen erschlossen werden muß, daß
es im ›Prozeß‹ schon deutlicher in Erscheinung tritt, als eine Grundbefindlichkeit der Ordnungen zueinander: im ›Schloß‹ nun ist es völlig
im Werk existent geworden. Weil die profilierten Aktionen und Reaktionen zu einem unendlichen Gespräch eingeebnet sind, ersteht dieses
Verhältnis nicht mehr nur als ein verursachender Grund, der seine
Konkretionen in agierende Substrate entläßt und zu einer Erscheinung
doch wieder hervorragender Aktionen bedarf, sondern als ein im Werk
gegenwärtiges Kontinuum, das, dank seiner geringeren Bindung an das
aktionsfähige Substrat, noch eindringlicher seine eigene Unendlichkeit
demonstriert. Das ›Schloß‹ ist Fragment geblieben. Kafka soll Max
Brod erzählt haben, daß K. am Ende vor Entkräftung sterben würde;
vom Schloß erhalte er »teilweise Genugtuung« [15]. Fragen wir auch
hier nach einem möglichen Ende: K. will ununterscheidbar werden von
den Dorfbewohnern; das ist sein Ziel. Würde er dieses Ziel erreichen,
so wäre das ›Schloß‹ ein Roman: der Weg von der Ankunft im Dorf
bis zu seiner Anerkennung als Bürger wäre ein Weg, eine Entwicklung,
die sich in einer fortschreitenden Handlung dartun müßte. Nun scheint
uns von vorneherein der qualitative Unterschied zwischen K. und der
Gegenordnung so groß zu sein, daß Assimilation ganz unmöglich ist.
Das Werk zeigt auch keinerlei Entwicklung. Es entfaltet sich lediglich
ein Verhältnis, das implicite schon auf der ersten Seite gegeben ist; je
mehr sich dieses Verhältnis der beiden Ordnungen zueinander zeigt,
desto unmöglicher wird es für K., ununterscheidbar von den Vertretern dieser Gegenordnung zu werden, desto mehr zeigt sich seine
Fremdheit. Die Unmöglichkeit, daß sich K. zum Dorf hin entwickeln
könnte, wird immer wieder betont: wiederholt wird er als ein »Kind«
bezeichnet [16]. Er will seine »Unwissenheit tragen«, solang die Kräfte reichen (S. 72). K. kann lediglich einen tieferen Einblick in das Verhältnis seiner Person zu der anderen Ordnung bekommen, aber dieses
Verhältnis selbst kann sich niemals ändern. Er erkennt ebenso wie Josef K. die Unabwendbarkeit der Auseinandersetzung [17]. Man kann

die Auseinandersetzung der beiden Ordnungen als eine »lebendige
Gleichung« [18] ansehen, wie es Camus tut; aber in dieser Gleichung
ist K. nicht das »X«, wie Camus meint, sondern eine exakt festgelegte
Größe. Das Schloß wird als aufhebende und K. als behauptende Größe
eingesetzt; der Wert der Gleichung ist »unendlich«. Das Vergleichsver-
hältnis der beiden Größen ist ein absurdes; und hier führt Camus mit
Recht jenen Witz des in einer Badewanne angelnden Irren an, der an-
gelt, obwohl er weiß, daß dabei nichts »herauskommt« [19]. Die Ab-
surdität »wird um so größer sein, je mehr meine Vergleichsobjekte voneinander abweichen« [20], so definiert Camus in einer Abhandlung über
den »Philosophischen Selbstmord« das Absurde.

Wenden wir das auf Kafka, auf das ›Schloß‹ an, so ergibt sich, daß dieser Abgrund zwischen »Adler und Blindschleiche« (S. 71) nie über-
brückt werden kann, ohne daß K. seine Existenz aufgibt; und diese aufzugeben, ist ihm unmöglich, da er ja gerade auf Existenzbehauptung
hin angelegt ist. Dieses Verhältnis ist das Gegenteil einer causa finalis,
es ist ein »absurdes« Verhältnis, das die Zeit, das heißt die Entwicklung
aufhebt und in ausgeglichener Unendlichkeit existiert; selbst dann,
wenn das Werk dadurch in seiner äußerlichsten Erscheinung notwendig »Fragment« bleiben muß [21].

VI. ROMAN ODER EPOS

1. Die vorliegenden Gattungsbegriffe

Wir haben die drei Werke Kafkas bisher immer als Romane bezeichnet. In den vorausgehenden Kapiteln glauben wir nun die Voraussetzungen geschaffen zu haben, um den Gattungscharakter dieser Werke exakter zu erkennen.

Daß ›Amerika‹, ›Der Prozeß‹ und ›Das Schloß‹ keine Romane im üblichen Sinn sind, ist vielleicht durch verschiedene schon gegebene Hinweise deutlich geworden. Nun fehlt es allerdings an eindeutigen Kriterien, das heißt, die Anschauungen über den Roman sind noch nicht in einer gültigen Theorie wissenschaftlich greifbar gemacht. Man hat bisher ebensowenig eine gültige Theorie des Epos entwickeln können. Man spricht deshalb approximativ vom »Epischen« und vom »Romanhaften«.

Das Epos verdankt seine immerhin noch größere Faßbarkeit der Tatsache, daß Homer, der die Gattung exemplarisch gestiftet hat, ohne wirklich gleichwertige Nachfolge geblieben ist. Wenn also ein Sprachkunstwerk ein Epos sein will, wird es vorzüglich an Maßstäben gemessen, die aus der ›Ilias‹ und aus der ›Odyssee‹ abgeleitet sind. Weil nun die verhältnismäßig wenigen Epen der Weltliteratur aus etwa miteinander übereinstimmenden Stadien in der nationalen Entwicklung der Völker stammen, weil sich nach dem Hinabsinken dieser das Epos begünstigenden Zeit überall eine völlig andere Art der »epischen« Dichtung zeigt und alle Versuche, das ursprüngliche Epos wiederzubeleben, nur ästhetische Verfertigungen sentimentalischen Charakters hervorbringen [1], hat man das Epos und den Roman als Formmöglichkeiten einer geschichtlichen Dialektik unterworfen. Diese Bemühungen gehen auf Hegel zurück, der den »epischen allgemeinen Weltzustand« [2] als eine »poetische Mitte« zwischen Barbarei und organisierter Zivilisation, und die in dieser Mitte möglichen epischen Themen genauestens beschreibt. Weil jedes Volk die für die Entstehung eines Epos ideale Stelle in seiner Geschichte nur einmal durchlaufen kann, billigt er jedem Volk nur ein echtes Epos zu [3]. Er hat, wie nach ihm auch Jakob Burckhardt, die Stelle anzugeben versucht, wo das Epos unmöglich wird und der Roman, den er die »moderne bürgerliche Epopöe« [4] nennt, an seine Stelle tritt; das ist die Stelle, an der der »quantitative Hunger nach stets *neuem Stoff*« [5] aufkommt.

Danach muß der Eindruck entstehen, der marxistische Hegelianer Georg Lukács hat das zu einer überzeugenden Theorie erhärtet [6], daß das Epos keine dem Menschen schlechthin zugeordnete Kunstform ist, sondern ein Produkt vielfältig historisch-anthropologischer Bedingungen. Kafkas Werke zwingen dazu, die Frage nach der Möglichkeit des Epos neu zu stellen. Wir möchten behaupten, daß die Entstehung eines Epos nicht nur in der »poetischen Mitte« zwischen Barbarei und organisierter Zivilisation möglich ist und daß der Ausdruck der »transzendentalen Obdachlosigkeit« nicht notwendig ein Roman sein muß [7].

Es ist notwendig, daß wir die Forderungen, die an das Epos gestellt werden, einer genaueren Betrachtung unterziehen: die erste Forderung ist die nach Totalität. Weitere Kriterien sieht man im Verhältnis der Teile zum Ganzen und in der Behandlung von Zeit und Raum.

Aus der Erörterung dieser Forderungen, die besonders Lukács kontrastierend dem Roman gegenüberstellt, muß sich uns eine neue Einsicht in den Gattungscharakter des Kafkaschen Werkes eröffnen.

Um welche Art von Totalität handelt es sich? Lukács fordert für das echte Epos eine »spontane Seinstotalität« (S. 21). Innerlichkeit des Menschen und Handlungssubstrat dürfen nicht auseinanderklaffen (S. 73). »Sein und Schicksal, Abenteuer und Vollendung, Leben und Wesen« müssen noch »identische Begriffe« sein (S. 11). Dieses Sein ist in dem Augenblick unmöglich geworden, als der Mensch die »Produktivität des Geistes« (S. 15) erfand. Damit haben die »Urbilder für uns ihre gegenständliche Selbstverständlichkeit unwiederbringlich verloren, und unser Denken geht einen unendlichen Weg der niemals voll geleisteten Annäherung« (S. 15). Also bleibt für den nachantiken Dichter, der sein Ich entdeckt — »das ist das tollste und verwirrendste Erlebnis, das ein Epiker haben kann. Es sieht zuerst aus, als ob es das Erlebnis ist, das ihm das Genick brechen wird« [8] —, bleibt für ihn, nach Lukács, nur noch eine »erschaffene Totalität« (S. 20). Die Totalität ist ja für die Epik nicht mit dem Begriff der Gattung mitgesetzt wie beim Drama, sie ist nicht transzendental, sondern ein »empirisch-metaphysischer Begriff« (S. 35f.). Die Totalität des Epos kann sich demnach nur aus »der Inhaltlichkeit des Objekts« mit wahrer Evidenz ergeben; sie ist also metasubjektiv. Diese Metasubjektivität wiederum ist eben durch die »Produktivität des Geistes«, durch die Entdeckung des Ichs in Frage gestellt. In der Überwindung der Subjektivität kann auch im Roman Totalität erreicht werden; diese aber ist nicht mehr »spontan«, sondern »erschaffen«. Ebenso ist im Roman dann die Immanenz des

Sinnes nicht mehr spontan vorhanden, sondern muß im Weg des Romanhelden zu sich selbst, im Weg des »problematischen Individuums« erst aufgedeckt werden (S. 75).

2. Erörterung der Voraussetzungen für eine Anwendung der Epentheorie auf die Werke Kafkas

Zweifellos sind die Erkenntnisse Lukács' unanfechtbar, sofern sie sich auf die Restitutionsversuche ursprünglicher Epenformen beziehen. Mit »spontaner« und »erschaffener« Totalität bezeichnet Lukács die Grenzstelle zwischen Epos und Roman. Zur Totalität des Epos gehört nach Hegel »das konkrete Daseyn, das politische und häusliche Leben, bis zu den Weisen, Bedürfnissen und Befriedigungsmitteln der äußerlichen Existenz hinunter« [9]. Lukács faßt diese Feststellung in den Begriff der »empirischen Totalität« (S. 35). Jede große Epik ist nach ihm empirisch, sie »gestaltet die extensive Totalität des Lebens« (S. 31).

Hier gilt es nun einzusetzen, um diese Theorie so weiterzubilden, daß sie eine allgemeinere und geschichtlich weiter reichende Geltung erlangt. Die extensive Totalität des Lebens fand ehemals ihren Niederschlag in der klassischen Ontologie (in der metaphysica generalis). Diese Ontologien wurden in notwendiger Bewegung zur Fundamentalontologie destruiert. Diese Bewegung äußert sich als eine »Denaturierung der natürlichen Welt« [10]. Sie ist eine »solipsistische Reduktion und bedeutet eine Zurückführung der geistigen Akte auf eine begrenzte, durch das menschliche Bewußtsein begrenzte Welt« [11]. Bense weist in einem anderen Zusammenhang nach, daß diese Destruktion in der Logik zur »Tautologie«, in der Metaphysik zum »Existenzial«, und in der Literatur zur »Expression« führen muß [12]. Es ist kein Zufall, daß in diesem Abschnitt der geschichtlichen Entwicklung auch eine »Fundamentalpoetik« [13] gefordert wird. Ebenso zeichnet Ortega y Gasset eine Entwicklung nach, die mit Giotto, dem Maler von Körpern, einem substantiellen Realismus beginnt und über die subjektiven Realitäten Cézannes zu den »erfundenen Gegenständen« des Expressionismus führt [14]. Wie die klassischen Ontologien in dem radikalen Subjektivismus Kants ihren Umschlag erfahren, so daß Heidegger daran anknüpfen konnte, um in einer Auslegung Kants seine Fundamentalontologie in Gang zu bringen [15], wie also auch hier gewissermaßen von der Anpassung an die äußere Realität, über den subjektiven Eindruck, zu einer Verlegung des Schwerpunktes in

das Intrasubjektive fortgeschritten wird, so werden in der Malerei
Dingrepräsentationen Eindrücke von Dingen; schließlich radikalisiert
sich die schöpferische Kraft des »Bewußtseins« zu ideierender Tätigkeit und schafft eine Welt, die dem Bewußtsein gegenüber, das sie er-
schuf, Unabhängigkeit erlangt.

Erich Auerbach bestätigt diese hier nur sehr grob angedeuteten Gedan-
kengänge in seinen Untersuchungen über die »dargestellte Wirklichkeit
in der abendländischen Literatur«: selbst die Schriftsteller, die sich
konsequent an das Material des Wirklichen halten, müssen notwendig
einsehen, »daß es hoffnungslos ist, innerhalb des äußeren Gesamtver-
laufs wirklich vollständig zu sein und dabei das Wesentliche hervor-
leuchten zu lassen« [16]. Der realistische Dichter »schneidet und iso-
liert« nun »willkürlich«, um durch »vielfältige und vieldeutige Be-
wußtseinsspiegelung« eine »synthetische Weltansicht« zu erzeugen.
(Daß Kafka auf diese Hilfskonstruktionen, auf jede tranche de vie
verzichtet, wird sich noch zeigen.)

Als vorläufiges Ergebnis halten wir fest, daß die Bedeutung der »ex-
tensiven Totalität« geschwunden ist.

Die Frage, in der nach dem Sein des Seienden gefragt wird, ist eine
andere geworden. Der Zusammenhang des einzelnen Seienden mit anderen ist ein anderer geworden. Verdeutlichen wir die Situation, die
die Epik Kafkas vorfindet, mit einem kurzen Hinweis auf Homer: In
der Welt des Homerischen Epos gab es keinen Sprung, keine Transzen-
denz. Die Ordnung der Welt ist ein Kontinuum, in dem alles seinen
Platz hat; jeder weiß darum, aber es ist der Teil des alten Nestor, es
auszusprechen:

»Man stelle sich nie auf die nämliche Höhe der Ehren
mit dem gekrönten Gebieter, den Zeus mit Ruhm überschüttet.
Bist Du auch an Kräften stärker, von göttlicher Mutter geboren,
so ist doch mächtiger jener, der größerem Volke gebietet.«
(*Ilias*, I, 278)

Daran wird keiner der Achaier je ernstlich zweifeln. Zeus und Thetis
sind die Gewährspersonen in der Götterwelt, die in direkter Zeugen-
schaft dafür stehen, weil sie selbst der Grund dieser so bestimmten
Ordnung sind. Weil jeder seine Herkunft weiß, ist das Seinsverständnis gesichert. Da es sich um eine endliche Welt handelt, kann sie in
»extensiver Totalität« ausgebreitet werden; es bedarf dazu keiner
Symbolik, eine einfache additive Repräsentation alles Seienden genügt.

Die »extensive Totalität« dieses Kontinuums der Homerischen Welt
ist bei Kafka bedeutungslos geworden. Eigentliches Dasein kann jetzt
nur noch unter der Bedingung der »Jemeinigkeit« [17] existieren, so,
daß eine extensive Gesellschaft als bezeichnender und durch ihre Ordnung einordnender Rahmen nicht mehr zum Seinsverständnis herangezogen werden kann. Der »Kampf«, der das Sein des Seienden herausstellt und ihm seinen Platz zuweist, wird nicht mehr in einem Heer
von Helden, nicht mehr im Aufbruch eines ganzen Volks und nicht
mehr mit blitzenden Waffen bestanden, sondern im »Inneren« eines
jeden »Einzelnen«. Das Auseinanderfallen von Innerlichkeit und
Abenteuer, von Leben und Handlungssubstrat, das nach Lukács zum
Roman führen muß, ist nicht mehr zu befürchten, da die Existenz nicht
mehr im Handeln, sondern im bloßen Dasein bedroht ist. Deshalb ist
die Totalität der Welt des »existierenden« Menschen in dem Augenblick
und spontan erreicht, in dem der Mensch seine Situation erkennt und
sie als Dichter aussagt. Es ist eine intensive Totalität *der* Welt, die mit
seiner Existenz zu tun hat. »Allemale fängt hier die diskussionsfähige
Welt im Menschen an . . .« [18].
Durch diese solipsistische Reduktion, die eine notwendige anthropologische Bewegung ist, schwindet die empirische Totalität als etwas, was
wesentlich zum echten Ausdruck gehört, wenn über das Sein des Menschen ausgesagt wird. Zweifellos muß sich in jedem Epos die Totalität
aus der »Inhaltlichkeit des Objekts« (wir würden sagen: aus der Aus-
drucksganzheit, aus der Form) ergeben, aber dieses Objekt selbst, darauf kommt es an, muß kein empirisches mehr sein.

3. Anwendung auf Kafka

Kafkas Welt hat Totalität. Die Totalität ist mit der geschaffenen Welt
gesetzt. In ›Amerika‹ kann man noch von einer sichtbaren Erschaffung
der Totalität sprechen: Karl und die Gegenordnung werden erst im
Laufe einer Entwicklung zu Ordnungen, die eine totale Welt ausma-
chen. Beide objektivieren sich von Begegnung zu Begegnung mehr. Da
diese Welt noch Züge einer empirischen Welt trägt, sind immer noch Be-
züge da, die nur angedeutet werden, Seiendes, das nicht ganz in das
Werk eintritt. In ›Prozeß‹ und ›Schloß‹ bezieht sich Kafka nicht mehr
auf eine vorhandene Welt. Durch die Ausbildung seines autonomen
Formvermögens hat er seine Subjektivität schon vor dem Werk überwunden. Was er jetzt noch schreibt, gewinnt von ihm unabhängiges,

objektives Sein, das in seiner reinen Geschaffenheit keine Totalität
empirischer Objekte anstreben muß, dafür aber eine Totalität der über
die Existenz eines Menschen entscheidenden Kräfte gewinnt. Lukács
gesteht zu, daß auch heute noch eine Subjektivität, die »weit abge-
trennt von Leben und Empirie, in der reinen Höhe der Wesenhaftigkeit
thront«, in ihrer Struktur »alle Bedingungen der Totalität bergen und
ihre Grenzen zu Grenzen der Welt verwandeln« könne (S. 41f.). Lukács hält es allerdings nicht für möglich, daß ein so »abgetrenntes«
Individuum epische Dichtung vollbringen könne. Gerade das aber hat
Kafka bewiesen. Er vermag seine Grenzen zu den Grenzen seiner Welt
zu verwandeln. In dieser Welt entsprechen sich Innerlichkeit und Abenteuer in einer für das echte Epos vorbildlichen Weise. Die Existenz der
K.s und ihr Handlungssubstrat (Behauptung und Aufhebung) klaffen
nicht auseinander; sie sind vielmehr in großartiger Entsprechung aufeinander abgestimmt, um den Menschen nicht in seiner »Person«, sondern in seiner »Sache« (das ist hier die Existenz überhaupt) zu richten,
wie das Hegel vom Epos verlangt [19]. Die Totalität der Funktionen,
die für und gegen eine Existenz von Bedeutung sind, ist in jedem
Augenblick sinnfällig und muß nicht erst allmählich erschaffen werden.
Deshalb ist auch die »Lebensimmanenz des Sinnes« (Lukács, S. 44)
hier kein Problem, das erst durch eine Entwicklung innerhalb des Werkes seine Lösung finden müßte, wie es im üblichen Roman der Fall ist.
Führen wir das noch näher aus: dem Roman liegt ein abstraktes System regulativer Aufbaukategorien zugrunde (Lukács, SS. 57ff.; 64;
74; 77). Der Held des Romans ist der Repräsentant dieses Systems. Die
Wirklichkeit, der er gegenübertritt, steht dem Sinn dieses Systems,
dem Lebenssinn des Helden feindlich gegenüber, deshalb ist der Held
von der Gegenwelt bedroht. Diese abstrakte Grundlage des Romans
wird nun nach Lukács zur Form, wenn sie sich selbst als abstrakt
durchschaut, das heißt, die »formgeforderte Immanenz des Sinnes entsteht gerade aus dem rücksichtslosen Zu-Ende-Gehen im Aufdecken
ihrer Abwesenheit« (S. 64). Dieses Aufdecken ist prozessual, es ist nichts
anderes, als die »Wanderung des problematischen Individuums zu sich
selbst« (S. 74). Diese Prozesse bringen qualitative Veränderungen, das
heißt echte Entwicklungen mit sich. Es kommt etwas hinzu, das am
Anfang noch gar nicht vorauszusehen war. Also war am Anfang keinesfalls Totalität vorhanden.
Bei Kafka bedarf es keiner Wanderung des Helden zu sich selbst, um
den immanenten Sinn zur Erscheinung zu bringen. Hier wird die Tatsache, daß der Sinn eigentlich Sinnlosigkeit ist, nicht erst im Laufe

eines langen Kampfes des Helden gegen die Umwelt aufgedeckt, er ist vielmehr schon jeweils im ersten Vorgang ausdrücklich vorhanden. Weder an der von Anfang an in ihrer Totalität erscheinenden Welt der Ordnungen, noch an einem ihrer Vertreter, kann sich qualitativ etwas ändern. Diese geschaffene Welt existiert nicht in der Entwicklung, sondern in der Wiederholung ihrer Teile.

Das Verhältnis der Teile zum Ganzen ist ein wesentliches Kriterium für die Bestimmung, ob es sich bei einem Werk um einen Roman oder um ein Epos handelt. Aristoteles war der Ansicht, daß der »Zusammenhang ein derartig geschlossener sein muß, daß, wenn man einen Teil versetzt oder wegnimmt, das Ganze zusammenbricht oder doch erschüttert wird« [20]. Die Handlung müsse Anfang, Mitte und Ende haben [21]. Das alles würden wir dem Roman zuschreiben. Hegel, der diesem Problem allergrößte Bedeutung zumißt, verlangt, daß sich »eine Grundstimmung«, welche sich in den Teilen »expliciert und darstellt« als die »durchgreifende und die Totalität des Besonderen zusammenhaltende und in sich zurücknehmende Einheit« kundtut [22]. Es dürfe kein teleologisches Verhältnis zwischen den Teilen und dem Ganzen herrschen, weil die Teile sonst zu einem Zweck erniedrigt würden und daraus statt einer »organischen Totalität« eine »prosaische Zweckmäßigkeit« resultieren würde [23]. Lukács fordert vom Epos eine »homogen-organische Stetigkeit« und vom Roman »ein heterogenkontingentes Diskretum« [24].

Bei Kafka sind diese Teile nie heterogen, weil sie ausschließlich Variationen einer einzigen Leerform sind. Selbst die scheinbar episodischen Partien der Barnabasgeschichte oder die Auslegungen der Türhüterfabel sind solche Variationen. Sie müssen ihr Dasein im Werk niemals durch ihre Dienlichkeit zu irgendeiner kompositionellen Absicht rechtfertigen; sie müssen ihr »einfaches Dasein« [25] nicht transzendieren, weil sie dem Ganzen homogen sind und organisch in ihm aufgehen, dadurch, daß sie es konstituieren. In ›Amerika‹ sind es heterogene Teile, die kontingent geworden sind durch die im Geschehen deutlich werdende Thematik des Werkes.

Wie wenig diese Teile in den späteren Werken einer kompositionellen Absicht verpflichtet sind, ergibt sich auch aus den vielen unvollendeten Kapiteln, die Kafka hinterlassen hat, deren Fehlen dem Werk aber keineswegs abträglich ist; das ergibt sich auch daraus, daß man die Anordnung der Kapitel im ›Prozeß‹, also in dem Werk, das man als das geschlossenste bezeichnet hat, anzweifeln kann. Charles Neider fordert, daß auf das jetzige Kapitel 1 das jetzige Kapitel 4, dann Kapitel

2, dann Kapitel 5 und dann erst Kapitel 3 folgen müsse [26]. Da
es sich bei Neider um Begründungen handelt, die lediglich aus inhalt-
lichen Erwägungen gegeben werden, um in diesen Vorgängen eine
deutlichere »Handlung« entstehen zu lassen, gehen wir nicht weiter
darauf ein. Neiders Kapitelfolge (1, 4, 2, 5, 3) ist zweifellos ebenso
berechtigt wie die von Brod arrangierte. Sehr zweifelhaft dagegen ist,
wie alle psychoanalytischen Experimente, die mit Kafka getrieben
werden, Neiders Begründung, daß das 5. Kapitel vor dem jetzigen
3. stehen müsse, weil Josef K. den Angeklagten auf dem Dachboden
gegenüber deutlich unter dem Einfluß des Sadismus des Prüglers hand-
le [27].
Daß man so über das Arrangement der Kapitel diskutieren kann, ist
wohl Beweis genug für die Selbständigkeit dieser Teile. Diese Teile
intensivieren das Thema dadurch, daß sie es variieren; sie lassen keine
Entwicklung aufkommen, verleihen aber, durch ihre andauernde Bewegung in sich selbst, dem Ganzen Dynamik. Behauptung und Aufhebung, als Motor dieser in sich selbst gründenden und endenden Bewegung haben wir erläutert.
»Das wahrhaft epische Kompositionsprinzip ist die einfache Addition«
[28], nach Emil Staiger. Die intensivierende Wiederholung der Leerform in einer Variation ist, kompositionell gesehen, nichts anderes als
eine Addition. Allerdings ist die Addition bei Kafka, dank der erwähnten solipsistischen Reduktion, ein genaues Gegenbild zu der des
ursprünglichen Epos, an dem Staiger seinen Begriff gewinnt. Die Bedingung der Aneinanderreihung ist bei Homer das selbstverständliche
Interesse, das er jedem Gegenstand entgegenbringt. Die ausführliche
Beschreibung aller Dinge führt zu dem, was von Goethe und Schiller
als das »Retardierende« bezeichnet wurde; als entgegengesetztes Stil-
moment nennt Auerbach das »Spannende« [29].
Diese Stilmomente müssen im Hinblick auf Kafka erörtert werden,
wenn wir beweisen wollen, daß Kafka dem Epos näher steht als dem
Roman. Wir beginnen diese Erörterung mit einem Vergleich gewisser
Ausdruckselemente Homers und Kafkas: immer wieder wird Homers
Rationalismus gerühmt. »Die Helle Homers ist Aufklärung« [30];
auch Auerbach bemerkt dies mehrfach [31]. Uns kommt es hier nicht
so sehr auf die Herkunft der »Helle« Homers an, als auf die durch sie
bewirkten Ausdruckselemente im Werk: das tastbar Gegenwärtige aller Erscheinungen zeichnet alle Bereiche dieses Werkes aus; diese Helle
nimmt im »Bereich der lichten Gottheiten« [32] im »Lichtreich des
Zeus« [33] noch zu.

Wir haben gesehen, daß bei Kafka genau das Gegenteil der Fall ist: hier wird eine Verabsolutierung der Eindrücke K.s durch die Dunkelheit bewirkt. Das stereotype Deuten, auf das er besonders den Hierarchien gegenüber angewiesen ist (diese werden, im Gegensatz zu Homer, um so undeutlicher je höher sie werden), wird zu seinem Wesensausdruck. Dieses endlose Deuten, an dem alle anderen Personen prinzipiell ebenso teilnehmen, weil das Dunkel allgemein ist, bewirkt die Retardierung in den Werken Kafkas. Sie folgt also genau aus der entgegengesetzten Erscheinung wie bei Homer: dort zwingt die Helle zur ausführlichen Schilderung, hier zwingt das Dunkel zur endlosen Deutung. Dort entsteht ein gegenstandsreiches und hier ein nahezu gegenstandsloses Werk.

Nun setzt das Wort »Retardierung« die hier gemeinte Erscheinung von Anfang an in einen Kontrast zu zielstrebiger Entwicklung (so wird es auch von Goethe und Schiller entwickelt und meistens gebraucht). Im eigentlichen Sinn dieses Wortes gibt es im echten Epos keine Retardierung. Das Innehalten, das Auf-jedem-Punkt-Verweilen ist keine Retardierung, weil gar nichts zu retardieren ist. Für Homer und für Kafka gibt es kein Ziel, vielmehr es gibt keinen Weg zum Ziel, weil das Ziel schon in jedem Augenblick erreicht ist [34]. Das Verweilen beim Gegenstand ist für Homer so selbstverständlich und, recht verstanden, zwecklos, wie das endlos kreisende Deuten der Figuren in Kafkas Werk. Es ist in beiden Fällen kein Innehalten auf einem Weg, sondern immer schon ein Angekommensein beim Ziel. Dieses Kreisen um immer den gleichen Punkt verhindert bei Kafka das Aufkommen »jeder stofflichen Neugier« [35], jeder Spannung und ist die notwendige Ergänzung zu der wiederholenden Variation der Leerform. Wie nun bei Homer der einzelne Hexameter die in sich selbst ruhende Dinglichkeit widerspiegelt, so ist auch die Periode Kafkas in ihrer differenzierten Gliederung der das Ganze widerspiegelnde Elementarteil des Werkes.

Suchen wir noch an einem Beispiel aus dem Werk selbst zu erweisen, wie wenig Wert Kafka auf den »Fortschritt« in seinem Werk legt. Wir wählen einen Abschnitt aus dem ›Prozeß‹, dem man ja besonders dramatische Qualitäten zusprechen wollte. Zunächst ist dieser Abschnitt (›Prozeß‹, S. 124—134) weitgehend in indirekter Rede gehalten und schon daher aller Aktivität beraubt. Josef K. denkt über seine Beziehung zum Advokaten nach. In einem wirklichen Prozeß müßte das, was in diesen zehn eng bedruckten Seiten ausgedrückt wird, in zwei bis drei Sätzen gesagt werden: Der Advokat hat die Eingabe gemacht, über den Erfolg einer solchen Eingabe jedoch läßt sich, dank

der mangelhaften Kenntnis über das Rechtswesen, nichts Genaues sagen. Das Prinzip der Aufhebung wäre in solcher Raffung durchaus
konkretisierbar. Aber Kafka kennt keine Zielstrebigkeit.

Er beginnt mit der ersten Setzung [36]:

1. Der Advokat hat die erste Eingabe schon fertig. Sie ist sehr wichtig...

Darauf folgt notwendig:

  1A: Leider wird sie wahrscheinlich bei Gericht gar nicht gelesen,
  weil...

Dadurch kann Kafka, ohne auch nur im geringsten vorwärts gekommen zu sein, eine zweite Setzung addieren:

2. Wenn das ganze Material gesammelt ist, werden alle Eingaben gelesen.

Aber:

  2A: Leider geschieht das meistens nicht, weil sie verlegt oder verloren werden.

     2a: Selbst, wenn sie nicht verloren werden, so werden sie doch
     kaum gelesen.

3. Jetzt beginnt die Überleitung zu zwei größeren Reihen: der Advokat
stellt fest, das sei bedauerlich, *aber* berechtigt, *weil:* dieses »weil« leitet
nun eine Reihe von Additionen ein, die hauptsächlich Aufhebungen
K.s enthalten: in diese Aufhebungen sind jedoch kleine Gegenaufhe-
bungen (vom Advokaten selbst besorgt) eingestreut, die die Hoffnung
nicht ganz sinken lassen sollen, die eine neue, die ganze Aufhebung an-
nullierende Gegenaufhebung vorbereiten. Zuerst also die Aufhebungs-
reihe. Sie beginnt mit einem völlig neutralen Satz: das Verfahren kann
öffentlich werden, muß es aber nicht; die Folgerungen daraus:

  3Aa: Die Anklageschrift ist unzugänglich.
    b: Man weiß also nicht, wogegen sich die Eingabe richten soll.
    c: Die Anklagepunkte können nur erraten werden.
    d: Die Verteidigung ist in einer schwierigen Lage.
    e: Das ist beabsichtigt, da sie nicht gestattet ist.
    f: Sie ist nur geduldet. Auch das ist nicht sicher.
    g: Es gibt also nur Winkeladvokaten (folgen Beweise).
    h: Man will sogar die Verteidigung möglist ausschalten. Hier
       scheint nun in einer Reihe von Aussagen eine fortschreitende
       Klärung erzielt worden zu sein. Aber jetzt setzt die Aufhe-
       bung dieser Aufhebungen K.s ein (eine Negation der Nega-
       tion seiner Existenz: also eine neue Positionsreihe).

3Ba: »Nichts wäre aber verfehlter, als« die Advokaten für unnötig zu halten.

b: Im Gegenteil: bei keinem Gericht sind sie so wichtig wie hier. Jetzt folgt

c: eine neue Reihe von Beweisen für die Wichtigkeit des Advokaten, die ihrerseits wieder verästelt wird. Diese Reihe schließt, daß die persönlichen Beziehungen bei diesem Gericht das Wichtigste seien.

Daraus ergibt sich Gelegenheit zu einer neuen wichtigen Setzung:

4. Die Wahl K.s sei sehr günstig, da Dr. Huld sich günstigster Beziehungen erfreue.

4A: Allerdings dürfe man sich davon nicht zuviel erhoffen, weil . . . Trotzdem ermöglicht sich eine neue Setzung:

5. Die Richter sind auf die Verteidigung angewiesen, weil . . .

5A: Nun folgen vier aufhebende Reihen:

a: Organisation des Gerichts.

b: Advokatenbehandlung.

c: Haltung der Angeklagten.

d: Erfahrungen über Prozeßverläufe.

Und jetzt kommt das Gespräch erst wieder auf die »erste Eingabe«. Nach einer weiteren Serie von Aufhebungen endet das Gespräch ergebnislos (wir haben früher schon darauf hingewiesen).

Das Thema des Werkes ist in vielfältigsten Bezügen transparent geworden, ohne daß irgend etwas innerhalb des Werkes einen Fortschritt genommen hätte. Ein Teil ist entstanden, er ist aus Addierungen noch kleinerer Teile zu einem Teil geworden und kann jetzt in epischer Addition den anderen Teilen angefügt werden. Selbstverständlich ist es nicht möglich, die ungemein feinen Verästelungen, aus denen ein solcher Teil ersteht, schematisierend nachzuzeichnen. Es sollte damit nur gezeigt werden, daß hier nichts retardiert wird, weil selbst der kleinste Teil immer schon als solcher sein Dasein im Werk rechtfertigt. Das Aufkommen einer Spannung ist hier ausgeschlossen, weil jeder geringste Ansatz zu einer Entwicklung sofort wieder durch eine Aufhebung erstickt wird. Das führt zu einer gewissen Monotonie, ja sogar zur Langeweile. Dieses Element ist im Werk Kafkas zweifellos vorhanden; es ist ein Element, das jede echte Epik aufweist [37].

Es sollte durch dieses Beispiel auch noch einmal bewiesen werden, daß Behauptung, Aufhebung und Einschränkung bis in den einzelnen Satz hinein verwirklicht sind. Nur dadurch, daß die Kafkasche Prosa die

Wendungen von der Behauptung zur Aufhebung in einem einzigen Satz
zu leisten vermag, kann der einzelne Satz in seiner Geschlossenheit
jede Entwicklung verhindern und eine neue Addition ermöglichen. Wir
können hier diese Prosa nicht hinlänglich charakterisieren; trotzdem
soll aber noch auf ein Merkmal hingewiesen werden, das sie zu einer
echten epischen Prosa macht: wir meinen die Neigung zur *Formelhaftigkeit.* Die homerischen Helden- und Götterformeln sind bekannt. Nun
sind es bei Kafka natürlich keine völlig gleichförmig wiederkehrenden
Bilder. Wir hatten schon Gelegenheit, auf die wiederkehrenden Figuren hinzuweisen, deren Ähnlichkeit durch einen die einzelne Figur
übergreifenden, von der Funktion bestimmten Bewegungsmechanismus
zurückzuführen war. Keine dieser auftretenden Figuren ist mit einer
Individualsprache ausgestattet. Am deutlichsten wird die Formelhaftigkeit dieser Sprache in den Aussagen über die Hierarchien: die Ad-
jektive »klein« und »groß«, und »niedrig« und »hoch« werden in
übertreibend kontrastierender Weise gegeneinander ausgespielt, um
einmal die Größe der Behörde selbst und zum anderen den Unterschied
zu den K.s zum Ausdruck zu bringen. K. wird ganz einfach als der
»Niedrigste« und Klamm als der »Höchste« bezeichnet (›Schloß‹, S.
350). Wenn Huld seine Beziehungen zu den höheren Richtern erklärt,
so sind das »natürlich nur höhere Beamte der unteren Grade« (›Prozeß‹, S. 127); an einer anderen Stelle des Werkes wird die »oberste
Prüfung der untersten Schule« abgelegt [38]. Da sind die hohen Diener höher als die niedrigen Beamten (›Schloß‹, S. 204), dem kleinsten
Fall wird die gleiche Arbeit gewidmet wie dem größten (›Schloß‹, S.
83); K.s Fall ist natürlich »der kleinste unter den kleinen« (›Schloß‹,
S. 87); der Untersuchungsrichter, mit dem Josef K. noch verhandeln
kann, ist »unter den niedrigen Untersuchungsrichtern ... der niedrigste« (›Prozeß‹, S. 179); die Wächter Josef K.s kennen auch nur die
»niedrigsten Grade« der Behörde (›Prozeß‹, S. 16); der Tür-
hüter behauptet, daß er mächtig sei, obwohl er nur der »unterste Tür-
hüter« sei und schon den Anblick des dritten über ihm nicht mehr ertragen könne (›Prozeß‹, S. 225). Wie kompliziert dieser Behördenbe-
trieb ist, wird ebenfalls mit so einfachen Formeln ausgedrückt: selbst
der »größte Arbeiter« kann nicht alle Beziehungen »auch nur des
kleinsten Vorfalles auf seinem Schreibtisch zusammenhalten« (›Schloß‹,
S. 307) [39].
Diese kontrastierten Superlative, die sich in Kafkas Werk in vielfa-
chen Variationen finden, fallen jedem Leser Kafkas auf. Sie tragen
vor allem dazu bei, diese Ordnungen als Größen bekannt zu machen,

trotz aller »Undeutlichkeit« ihre »Selbigkeit« [40] vorzustellen.

Nach dieser Erörterung der »Retardierung«, ihrer Herkunft und ihrer Erscheinungsform, die uns die Selbständigkeit der Teile in Kafkas Werk verdeutlichen sollte, gehen wir nun dazu über, die Erscheinungsweise von *Raum und Zeit* in dieser Dichtung zu untersuchen.

Der Raum, in dem sich die Auseinandersetzung der Ordnungen vollzieht, ist kein empirischer. Er ist in seiner Qualität geschaffen; er hat eine Funktion. Durch die Verabsolutierung der Eindrücke des Helden und durch alle anderen Angaben über räumliche Anordnung wird deutlich, daß der Raum lediglich als Ausdruckselement erscheint und als solches der funktionierenden Konstruktion dient. So ist er eine der wesentlichen Erscheinungsformen der Hierarchie. Die Ordnungen charakterisieren sich durch ihre Lage in ihm. Dieser Raum ist nicht stetig: es sind qualitativ verschiedene Räume möglich. Die Gerichtskanzleien, das Zimmer Hulds, Titorellis Gelaß, der Bretterverschlag der Wirtin, die Kammer des Gemeindevorstehers, der Ausschank und die Sekretärszimmer, das sind nicht nur wechselnde Schauplätze, um etwa die Vorgänge lebendiger zu machen, das sind vielmehr schon Stufen der Hierarchie und als solche aufhebende Kräfte, wenn die K.s ihre Existenzbehauptung in sie hineintragen. Wie wenig dieser Raum stetig ist, wie sehr er in seiner Qualität der jeweiligen Funktion unterworfen ist, zeigen die Ausdruckswirkungen, die Kafka mit der »Vergewaltigung« natürlicher Raumgestalt erreicht: die Fahrt des Landarztes, die sich einmal im Fluge und dann in aussichtsloser Langsamkeit vollzieht, ist dafür bezeichnend [41]. Wenn K. sich auf dem Weg ins Schloß begibt, entfernt sich dieser Weg zwar nicht vom Schloß, führt aber auch nicht näher, weil zwischen K. und dem Schloß ein für K. unüberwindlicher Raum liegt [42]. Daß Frieda eine Auswanderung nach Südfrankreich oder nach Spanien vorschlägt, ist eine ironische Utopie, die keinen geographischen Bezug bedeuten kann [43].

In der Behandlung der *Zeit* verfährt Kafka ähnlich: sie ist als Dauer, als Zeitigendes aufgehoben. Weil die einzelnen Teile keine teleologische Bindung an das Ganze haben, weil sie keiner kompositionellen Zweckmäßigkeit dienen, etwa der, einen Anfang, eine Mitte und ein Ende zu setzen, deshalb kann die Zeit, die sich ja immer als Fortschreiten, als Entwicklung offenbaren muß, nicht als solche in das Werk eingehen. Kafka benützt sie lediglich als Ausdrucksmittel.

Über die Jahreszeiten heißt es im ›Schloß‹ (S. 357f.): »Der Winter ist bei uns lang, ein sehr langer Winter und einförmig ... Nun, einmal kommt auch das Frühjahr und der Sommer und es hat wohl auch seine

Zeit; aber in der Erinnerung, jetzt, scheint Frühjahr und Sommer so
kurz, als wären es nur zwei Tage, und selbst an diesen Tagen, auch
durch den allerschönsten Tag, fällt dann noch manchmal Schnee.«
Wenn Kafka, aber die ungemein gedemütigte Familie der Barnabas
nach ihrer Verdammung schildern will, läßt er sie »bei geschlossenen
Fenstern in der Hitze des Juli und August« in einem Zimmer sitzen
(›Schloß‹, S. 241). In diesem Dorf ist es ein, zwei Stunden nach dem
Frühstück dunkel (S. 29). Kafka kümmert sich nicht um den »natürlichen« Verlauf der Zeit. Er läßt K. am zweiten Tag seines Aufent-
haltes im Dorf feststellen, daß er nun schon den vierten Tag hier ist
(S. 58) [44]. (Wir müssen allerdings genau nachrechnen, um festzustellen, daß es erst der zweite Tag ist; der Erzähler tritt nicht aus dem
Helden heraus, um uns eine so unwichtige Mitteilung zu machen.) Die
Zeit wirkt nicht zeitigend: wenn es Hans Castorp »vorkommt«, als sei
er nicht einen Tag, »sondern schon längere Zeit« auf dem »Zauberberg«, dann verbindet er damit notwendig auch die Wirkung dieses
»länger«; es kommt ihm vor, als sei er dadurch »älter und klüger geworden« [45].
Gerade solche Entwicklungen sind bei K. unmöglich, wie er ja überhaupt
bar jeder Entwicklungsmöglichkeit ist. Kafka arbeitet mit Zeitelemen-
ten nur, um sie dem natürlichen Zeitverlauf kontrastierend gegenüberzustellen und dadurch Ausdruck zu erzielen: als Josef K. einen Tag
nach der Entdeckung der Prügelkammer die Tür öffnet, findet er »alles
... unverändert, so wie er es am Abend vorher ... gefunden hatte ...
der Prügler mit der Rute, die noch vollständig ausgezogenen Wächter ...« (›Prozeß‹, S. 99) [46].
Kafka erzählt nicht der Zeit nach. Da der Sinn des Ganzen in jedem
Augenblick immanent ist, kann es keinen übergreifenden Zeitzusam-
menhang geben. »Der entscheidende Augenblick in der menschlichen
Entwicklung ist immerwährend«, so drückte Kafka diesen Sachverhalt für seine eigene Existenz aus [47].
Fassen wir zum Schluß die wichtigsten Merkmale zusammen, die die
Dichtungen Kafkas in die Nähe echter Epen stellen:
1. Die Ausbildung eines autonomen Formvermögens sichert die *Objektivität* dieser Dichtungen.
2. Die reine Geschaffenheit seiner Welt befreit Kafka von dem nur
noch relativ zu erfüllenden Anspruch, eine empirische Totalität als
eine Repräsentation zu *erschaffen;* seine Welt *hat Totalität.*
3. In der von Anfang an vorhandenen Totalität ist *Entwicklung unmöglich;* also sind die *Teile selbständig* und nur additiv zu einem Gan-

zen zusammengefügt.

4. Das Thema dieser Epik ist die Auseinandersetzung zweier Ordnungen; die Auseinandersetzung vollzieht sich in der variierenden *Wiederholung eines Vorgangs* (Leerform); sie ist auf *Unendlichkeit* hin angelegt.

5. Syntax und Wortmaterial konstituieren in ihrer Neigung zur *Formelhaftigkeit* eine echte epische Sprache.

Es ist wohl nicht nötig, ausdrücklich zu betonen, daß mit diesen Hinweisen keineswegs gemeint ist, daß Kafka Epen im Sinne Homers geschaffen hat. Georg Lukács, Emil Staiger und Friedrich Schmidt [48] haben die Restitutionsversuche längst in das rechte Licht gestellt und die Unwiederholbarkeit der ursprünglichen Form bewiesen. Unsere Hinweise sollten vor allem den Abstand der Dichtungen Franz Kafkas von dem, was man gemeinhin Roman nennt, deutlich machen. Wenn man sich bereitfinden könnte, den Begriff »Epos« nicht nur auf die Werke eines ganz bestimmten Stadiums in der Entwicklung der einzelnen Völker anzuwenden, wenn man diesen Begriff weiterhin von der Ersatzanwendung auf vielbändige Bauernromane und Familienchroniken befreien könnte, dann ließ er sich heute meines Erachtens wieder als gültiger Gattungsbegriff neu fassen. Die Dichtungen Kafkas regen dazu an. Sie entziehen sich, wie Cervantes' ›Don Quichotte‹, und noch mehr als er, den Bereichen des Romans [49].

NACHWORT

Als ich diese ›Beschreibung einer Form‹ im Jahr 1951 Herrn Professor Friedrich Beißner in Tübingen als Dissertation vorlegte, trug das Nachwort die Überschrift »Über Wirklichkeit und Interpretation der Dichtung Franz Kafkas«; es gebärdete sich ein bißchen erregter als es einem solchen Nachwort zusteht. Damals glaubte ich, Kafka werde zu sehr von literaturfremden Kommentatoren für alle möglichen Theorien mißbraucht. Und in der Tat erschien in jenen Jahren eine Unmenge von Aufsätzen, die irgendeinen Zug des Kafkaschen Werkes aus dem Zusammenhang herauslösten, ihn direkt in die Zeit und Wirklichkeit hineinbezogen und ihn ausmünzten für einen kleinen kulturkritischen Ausflug. Ich wollte, wie es dem Begeisterten zukommt, Kafka vor seinen Interpreten schützen, denn ich war der Ansicht, ich selbst hätte ihn nicht interpretiert, sondern hätte lediglich den Bestand an Auffallendem, Wiederkehrendem, Typischem registriert und hätte beschrieben, wie daraus die Form dieser Dichtungen entsteht. Abtrennen von aller vorhandenen Wirklichkeit wollte ich diese Bücher, fernhalten von Vergleichen mit der Wirklichkeit, Symbolbezüge jeder Art ausschließen. Das scheint mir auch heute noch ratsam zu sein. Natürlich wird es dadurch schwierig, die Frage zu beantworten, warum dann das Werk Kafkas eine so tiefe und nicht nachlassende Wirkung ausübt. Diese Frage zu beantworten, war schon vor zehn Jahren schwierig. Inzwischen hat aber die Literaturwissenschaft ihre Zuständigkeit im Fall Kafka erkannt und in seriösen Untersuchungen bewiesen. (Siehe Rudolf Hemmerle: ›Franz Kafka‹, eine Bibliographie, München 1958). Inzwischen ist ein Buch von Wilhelm Emrich erschienen (›Franz Kafka‹, Bonn 1958), das gerade das Problem der Bedeutung, die Methode der Annäherung an Kafkas Werk gründlich untersucht. Dieses Buch hat alle Beliebigkeit hinter sich gelassen. Ich glaube, man muß es ein Standard-Werk nennen. Emrich: »Kafkas Dichtung nötigt uns ..., nach den Funktionen seiner Bilder ausschließlich im Rahmen seiner eigenen Gestaltung zu fragen.« Wer diesen Ansatz verfehlt, muß, glaube ich, zu falschen Ergebnissen kommen. Auch Literaturwissenschaft kann so exakt sein, daß man »wahr« und »falsch« sinnvoll gebrauchen kann. Wer zum Beispiel von der Vieldeutigkeit oder Dunkelheit Kafkas spricht, wer dafür etwa die Rätselhaftigkeit der Schloßbehörden zum Beweis heranzieht und dann an der unendlichen Deutungsmöglichkeit dieser Behörden theologisch oder existenziell oder psychoanalytisch herumzudeuten beginnt, wer nicht davon ausgeht, daß diese Behörden für K. geschaffen sind, so geschaffen, daß K. sich daran erschöpfen muß, weil K. wiederum so geschaffen ist, daß er nach einem Sinn dieser Organisation fragen und sich selbst vor ihr behaupten muß, wer eben nicht nach der Funktion einer kafkaschen »Größe« innerhalb seines Werkes zu fragen bereit ist, der wird Kafka »dunkel« nennen und diese Dunkelheit um seine eigene vermehren. Man muß sich dieses Werk sozusagen vom Leibe halten und lediglich als Zuschauer das Spiel und Widerspiel der Parteien beobachten, man darf sich mit keiner Partei mehr einlassen als mit einer anderen, auch nicht mit den »Helden«.

Es bleiben, auch wenn man die von Emrich bezeichnete Methode gewählt hat, noch genug Möglichkeiten, verschiedener Meinung zu sein. Der notwendige Ansatzpunkt kann sozusagen wissenschaftlich exakt ausgemacht werden, bald danach werden die Wege sicher auseinanderführen, aber sie bleiben einander verständlich; auf jedem dieser Wege wird eine Ansicht des Werkes vertrauenswürdig deutlich. Ich habe es meinem Lehrer Friedrich Beißner zu danken, daß ich auf einen nicht gar zu abseitigen Weg geriet. Vielleicht hätte ich sonst auch freiweg spekuliert, ob im Kafkaschen Gebäude mehr Gericht oder mehr Gnade residiert; so aber machte ich mich daran, Türen und Fenster zu zählen und festzustellen, welche Figuren Zylinder und welche Bärte tragen, und warum Kafka so häufig »allerdings« gebraucht. Über Gericht und Gnade wechselt man unter Umständen seine Ansicht schon bald, während das, was man lediglich seiner Funktion nach registrierte, seinen schlichteren Anspruch länger erheben darf, es sei denn der Zählende hätte sich grob verzählt. Das aber kann nachgeprüft werden.

Martin Walser März 1961

ANMERKUNGEN

LITERATURVERZEICHNIS

REGISTER

I. Der Dichter und die Dichtung

1 Benedetto Croce, zit. nach Wolfgang Kayser, ›Das sprachliche Kunstwerk‹, Bern 1948, SS. 276; 289.

2 Tagebücher und Briefe, in den ›Gesammelten Schriften‹, Bd. VI, S. 257, Prag 1937. Da dies der einzige Band ist, den wir aus der ersten Ausgabe der Werke Kafkas benützen, zitieren wir ihn im Folgenden nur noch mit: I. Ausg., Bd. VI.

3 I. Ausg. Bd. VI, S. 99.

4 I. Ausg. Bd. VI, S. 99.

5 I. Ausg. Bd. VI, S. 313.

6 I. Ausg. Bd. VI, S. 33.

7 I. Ausg. Bd. VI, S. 100.

8 Zit. nach Max Brod, Biographie a. a. O. S. 113.

9 I. Ausg. Bd. VI, SS. 19f.; 22; 24f.; 26f.; 28; 35; 36; 45f.; 90; 93; 95; 96; 97f.; 101; 103; 105; 107; 121; 122; Brief- und Tagebuchstellen gleicher Beweiskraft zitiert Max Brod in seiner Biographie (ohne die notwendigen Konsequenzen daraus zu ziehen) a. a. O. SS. 77; 112; 114; 116; 118; 120; 121; 159; 174.

10 Daß es sich bei der von Kafka ausgebildeten Form um das Entdecken einer »präformierten Denkmethode« handelt, bestätigt Max Brod in seiner Biographie a. a. O. S. 63. Er weist sogar darauf hin, daß sich Kafkas Denkform auch bei seinen Schwestern findet (S. 96).

11 I. Ausg. Bd. VI, S. 313.

12 I. Ausg. Bd. VI, S. 100.

13 I. Ausg. Bd. VI, S. 100.

14 I. Ausg. Bd. VI, S. 313.

15 Siehe dazu I. Ausg. Bd. VI, SS. 99; 101; und Brod, Biographie, a. a. O. SS. 175; 116.

16 I. Ausg. Bd. VI, S. 105.

17 I. Ausg. Bd. VI, S. 106.

18 Zit. nach Brod, Biographie, a. a. O. S. 120.

19 Diesen Ausdruck prägte Ludwig Binswanger in seinem Buch: ›Henrik Ibsen und das Problem der Selbstrealisation in der Kunst‹. Heidelberg 1949.

20 I. Ausg. Bd. VI, S. 214.

21 Zit. nach Brod, Biographie a. a. O. S. 206; dazu auch S. 113 und I. Ausg. Bd. VI, S. 286.

22 I. Ausg. Bd. VI, S. 100.

23 I. Ausg. Bd. VI, S. 108.

24 Zit. nach Brod, Biographie a. a. O. S. 184.

25 1. Ausg. Bd. VI, S. 107.
26 1. Ausg. Bd. VI, S. 117.
27 1. Ausg. Bd. VI, S. 114.
28 1. Ausg. Bd. VI, S. 103.
29 1. Ausg. Bd. VI, S. 103.
30 1. Ausg. Bd. VI, S. 103.
31 1. Ausg. Bd. VI, S. 158.
32 Ludwig Binswanger, ›Henrik Ibsen und das Problem der Selbstreali-
    sation in der Kunst‹, a. a. O. S. 27.
33 1. Ausg. Bd. VI, S. 24f.
34 1. Ausg. Bd. VI, S. 71.
35 1. Ausg. Bd. VI, S. 90.
36 1. Ausg. Bd. VI, S. 93.
37 Zit. nach Brod, Biographie, a. a. O. S. 112f.
38 Zit. nach Brod, Biographie, a. a. O. S. 77.
39 1. Ausg. Bd. VI, S. 97f.
40 1. Ausg. Bd. VI, S. 28.
41 1. Ausg. Bd. VI, S. 28.
42 Zit. nach E. R. Curtius, ›Kritische Essays zur Europäischen Literatur‹,
    Bern 1950, S. 101.
43 Novalis Schriften, herausgegeben von Paul Kluckhohn, Leipzig o. J., Bd. 3,
    S. 272, Fragment Nr. 1141. Vgl. dazu Novalis, Bd. 2, S. 390, Fragment
    Nr. 381 über das »aktive Empfinden«: »Man bringt das Empfindungs-
    organ wie das Denkorgan in seine Gewalt.«
44 Novalis, ›Schriften‹, a. a. O. Bd. 3, S. 253, Fragment Nr. 989.
45 Zit. nach Brod, Biographie, a. a. O. S. 133 f.
46 Zit. nach Brod, Biographie, a. a. O. S. 189 f.
47 ›Ges. Schriften‹, a. a. O. Bd. V, S. 173.
48 Zit. nach Brod, Biographie, a. a. O. S. 190.
49 Brod, Biographie, a. a. O. S. 190.
50 ›Ges. Schriften‹ a. a. O. Bd. V, S. 43.
51 ›Ges. Schriften‹ a. a. O. Bd. V, S. 173.
52 Ludwig Binswanger, ›Henrik Ibsen . . .‹ a. a. O. S. 27. Die in diesem Zitat
    noch einmal in Anführungszeichen gesetzten Ausdrücke zitiert Binswan-
    ger nach einem Aufsatz Georg Lukács', der in ›Logos‹ Jahrg. 1917—18,
    Bd. VII erschienen ist.

II. Das Erzählen selbst

1 Käte Friedemann nennt ihn den »Erzähler schlechthin«; S. K. Friedemann, ›Die Rolle des Erzählers in der Epik‹, Leipzig 1910, S. 40.
   Auch Roman Ingarden, ›Das literarische Kunstwerk‹, Halle 1931, S. 208,
   stellt fest, daß es keine »wesentliche Rolle« spielt, ob dieser Erzähler der
   Verfasser selbst oder eine von ihm »fingierte Person« ist.

2 Wolfgang Kayser, a. a. O. S. 290f., macht allerdings von diesem erscheinenden Erzähler zuviel abhängig, wenn er sagt, daß das »System der Anschauungsformen, das die erzählten Gegenständlichkeiten« bestimmt, um so »fester und klarer« ist, »je deutlicher uns ein Erzähler wird«. Wir werden auf die interpretierende Funktion des Erzählers noch zu sprechen kommen.

3 Z. B. Ch. M. Wieland, ›Agathon‹, ›Sämtliche Werke‹, bei Göschen, Leipzig 1856, Bd. IV, SS. 145; 153.

4 Z. B. Thomas Mann, ›Der Zauberberg‹, ›Ges. Werke‹, S. Fischer, Berlin 1925, I, 379.

5 Z. B. Laurence Sterne, ›Tristram Shandy‹, bei G. Müller, München 1920, Neudruck der Hamburger Ausgabe von 1776, SS. 11; 154; 396.

6 Z. B. Wieland, ›Agathon‹, a. a. O. Bd. VI, S. 180; Bd. V, SS. 167; 192; Bd. IV, S. 150.

7 Wolfgang Kayser, a. a. O. S. 353.

8 ›Das Schloß‹, Nachwort zur ersten Ausgabe, a. a. O. S. 417.

9 Wir vermeiden es, von Identität zu sprechen, weil uns daran liegt, die Deckung von Autor und Held technologisch zu sehen. Kongruenz heißt nicht, was Identität heißen könnte, daß der Held mit dem Autor meinungsidentisch ist. In der Kongruenz decken sich Autor und Held, wenn man es recht versteht, nur äußerlich, das heißt: erzählungstechnisch.

10 Käte Friedemann, ›Die Rolle des Erzählers in der Epik‹, a. a. O. S. 50. Das richtet sich gegen Spielhagen, der um der Objektivität willen das Verschwinden jedes Erzählersubjekts gefordert hatte.
Wolfgang Kayser a. a. O. S. 209, hält es für eine »Folge eines konsequenten Naturalismus« wenn eine »einheitliche Perspektive« beibehalten wird. Eine Widerlegung dieser Ansicht, soweit sie noch nötig ist, wird sich von selbst ergeben.

11 Selbst in einer journalistischen Arbeit, in dem Artikel, der Kafkas Eindrücke bei der Flugwoche in Brescia festhält, selbst hier dringt die in der Dichtung geübte Technik durch, das heißt: eigentlich wird sie hier geübt: »Von den teuren Tribünen aus, die hinter uns stehen, mag allerdings jenes Volk mit der leeren Ebene ohne Unterschied in eins zusammenfließen« (S. Brod, Biographie, a. a. O. S. 275). Obwohl Kafka selbst nicht auf diese Tribüne kommt, versetzt er sich auf sie, um im Blick der vornehmen Besucher auf das Volk beide nur durch die Art des Sehens zu charakterisieren.

12 Solche Stellen sind: ›Amerika‹, SS. 20; 24f.; 205; 244.

13 Roman Ingarden, ›Das literarische Kunstwerk‹, a. a. O. S. 231ff., stellt fest: Wenn sich das Orientierungszentrum im »Ich-Nullpunkt einer dargestellten Person« befindet, werden wir gezwungen, zur adäquaten Erfassung, uns in das »dargestellte Orientierungszentrum fiktiv hineinzuversetzen und mit der betreffenden Person durch den dargestellten Raum in fictione zu wandeln«.

14 In den späten Erzählungen ›Eine kleine Frau‹, ›Forschungen eines Hundes‹ und ›Der Bau‹ ist die Welt Kafkas nur noch als Reflexion eines Ich

vorhanden, ohne noch in Erscheinung treten zu können. Auch der Gesprächspartner ist in die monologische Reflexion hineingenommen.

15 Mit diesen Begriffen hat Ortega y Gasset, ›Der Gesichtspunkt und seine Rolle in der Kunst‹, in: Merkur I. Jahrg. 1947, S. 521, einen ähnlichen Vorgang in der Malerei erörtert.

16 ›Amerika‹, S. 22: »Im übrigen hätte er noch viel besser gesprochen, wenn er nicht durch das rote Gesicht des Herrn mit dem Bambusstöckchen beirrt worden wäre, das er von seinem jetzigen Standort zum erstenmal sah.«

17 Adalbert Stifter, Sämtliche Werke, in 24 Bänden, ›Nachsommer‹ Bd. VI, VII, VIII, herausgegeben von Kamill Eben und Franz Hüller, Prag 1921.

18 Hermann Kasack, ›Die Stadt hinter dem Strom‹, Suhrkamp, Berlin 1947.

19 Günther Anders, ›Franz Kafka — Pro und Contra‹, in: Die Stockholmer Neue Rundschau, Auswahl, Suhrkamp-Verlag, Berlin 1949, S. 338.

20 Hans Detlef Lührsen, ›Franz Kafka‹, in: Europa-Archiv 5. Jahrg. 22. Folge, S. 3527f.

21 Diese Adverbien (»offenbar«, »wohl«, »wahrscheinlich«, »vielleicht« u. a.) finden sich zum Beispiel in ›Amerika‹, S. 11; S. 27; S. 223; im ›Prozeß‹, S. 11; S. 235; im ›Schloß‹ auf den SS. 35; 109; 122; 128; 199; 267; 318; 319; 321. Es ist unmöglich, jede dieser Stellen zu zitieren, da sie sich zu häufig finden. Exemplarisch spricht K. im ›Schloß‹ (S. 72) die Situation des Ankommenden, des Nichtwissenden aus: »Dem Unwissenden scheint alles möglich«. Diese Situation drückt sich auch in dem häufigen Gebrauch von »es schien«, »wußte nicht recht«, »es klang so«, »mußte« u. a.; dazu siehe ›Amerika‹, SS. 14; 39; 141; 147; 204. ›Prozeß‹, SS. 11; 113; 181; 237; ›Schloß‹, SS. 14; 22; 24; 32; 78; 129; usw.

22 Rainer Maria Rilke, ›Die Aufzeichnungen des Malte Laurids Brigge‹, Inselverlag, Leipzig 1919, S. 8.

23 Wolfgang Kayser, ›Das sprachliche Kunstwerk‹, a. a. O. S. 145.

24 Siehe dazu: ›Amerika‹, SS. 26 (Z. 26—27); 195 (Z. 20—21); 257 (Z. 7); 264 (Z. 32). ›Prozeß‹, SS. 11 (Z. 31); 44 (Z. 27—29); 115 (Z. 28). ›Schloß‹, SS. 316 (Z. 17); 320 (Z. 23—24); 321 (Z. 11); u. a.

25 Siehe dazu ›Amerika‹, SS. 140 (Z. 20—22); 142 (Z. 26—27); 144 (Z. 28—29); ›Prozeß‹, S. 12 (Z. 7—11); ›Schloß‹, SS. 11 (Z. 8—11); 51f. (Z. 35—2); u. a.

26 Siehe dazu ›Schloß‹, SS. 32 (Z. 4—7); 59 (Z. 6—8); 191 (Z. 31—32); 192 (Z. 22—23); 278f. (Z. 35—1); besonders bezeichnend: ›Schloß‹ S. 297ff.

27 Z. B. ›Amerika‹, S. 208: »... wiederholte der Polizist, zweifellos nur, weil er ein ruhiger und gründlicher Mensch war, aber Karl sah schon in dieser Wiederholung das Aussprechen eines gewissen Verdachtes.« ›Prozeß‹, S. 87: »Dieser Blick schien zu sagen, daß K. ...« K. im Konjunktiv widerspricht der sonst geübten Haltung. ›Schloß‹, S. 12: »... sagte K. auffallend leise.« Dieses »auffallend« ist zumindest eine Dehnung der Kongruenz. Siehe dazu ›Schloß‹, SS. 72 (Z. 23—24); 303 (Z. 8—9); 311 (Z. 9).

28 Zwei ähnliche Stellen, die wie die in ›Amerika‹ eine beruhigende Deutung

nahelegen sollen, (unter Dehnung der Kongruenz) finden sich noch im
›Prozeß‹: S. 42 (Z. 1—3): »nicht um etwas zu erfahren, sondern um K. vom
Apparat wegzubringen«. Dann auf S. 137 (Z. 30—33): Der Rivale tritt
lachend ein, aber er lacht »natürlich nicht über die Eingabe« (!).

29 Eine Stelle, die auf dieses Stadium des Prozesses zurückweist, findet sich
auf S. 136 (Z. 9—11); obwohl diese Bemerkung zeitlich später ist, ist sie
von der gleichen Struktur, wie die hier angeführten.

30 Der ausgiebige Gebrauch von Wendungen des Nichtwissens und Vermutens
ist nicht nur den Ausführungen K.'s eigen, sondern auch anderen Personen
des Werkes; davon später.

31 Ähnliche Stellen: s. S. 16 (Z. 18—19); S. 32 (Z. 22—27); S. 54 (Z. 13—14);
S. 78 (Z. 15—17); S. 80 (Z. 8—11); S. 96 (Z. 14—16); S. 106 (Z. 13—14);
S. 112 (Z. 1—12); S. 128 (Z. 9—10); S. 129 (Z. 5—24); S. 133 (Z. 4—11);
S. 133f. (Z. 34—17); S. 144 (Z. 17—19).

32 Cervantes, ›Don Quixote‹, Ausgewählte Werke, hrsg. von Max Krell,
München 1923, Bd. I, S. 42.

33 In der Sprache des Aristoteles hieße das: Kafka zieht das unmögliche
Wahrscheinliche dem unwahrscheinlichen Möglichen vor. Aristoteles,
›Poetik‹, Hauptwerke, hrsg. u. übersetzt von Wilhelm Nestle, Kröner,
Stuttgart 1941 (3. Aufl.) S. 369.

34 ›Beschreibung eines Kampfes‹, Gesammelte Schriften, a. a. O. Bd. V, S. 60.

35 ›Beschreibung eines Kampfes‹, Ges. Schriften, a. a. O. Bd. V, S. 17.

36 ›Beschreibung eines Kampfes‹, Ges. Schriften, a. a. O. Bd. V, S. 45.

37 ›Beschreibung eines Kampfes‹, Ges. Schriften, a. a. O. Bd. V, S. 48.

38 Ebenso in Ges. Schriften, a. a. O., Bd. I, S. 13 u. S. 20.

39 ›Gespräch mit dem Betrunkenen‹, Ges. Schriften, a. a. O. Bd. I, S. 21.

40 Roman Ingarden, ›Das literarische Kunstwerk‹, a. a. O. S. 207f., stellt fest,
daß das Werk, in dem der Erzähler nicht auftritt, »außerhalb der Reich-
weite des Verfassers« ist!

41 ›Beschreibung eines Kampfes‹, Ges. Schriften, Bd. V, S. 54.

42 ›Beschreibung eines Kampfes‹, Ges. Schriften, a. a. O. Bd. V, S. 63.

43 Charles Neider (›The Frozen Sea, A Study of Franz Kafka, Oxford University Press, New York 1948, S. 45) verkennt das völlig, wenn er K. im
›Schloß‹ als »outsider« bezeichnet »used by the author to bring perspective
and scepticism to bear upon the hypnotized people in the village«. K. ist
zwar »Außenseiter«, aber sein Skeptizismus der Dorfwelt und dem Schloß
gegenüber bleibt innerhalb des Werkes; er ist ebenso nur eine Meinung wie
die der Wirtin, des Vorsteher u. a.! Diese Meinungen müssen in ihrem
Gegeneinander aufgesucht und abgewogen werden. (Wir werden dies in
einem späteren Kapitel tun.) Keinesfalls darf die Skepsis K.'s als verbindlich für den Leser angesehen werden. Wir führten diese Äußerung Neiders
darum an, weil sie typisch ist für die meisten Kommentatoren Kafkas: sie
sehen nicht die vielfältige Verflochtenheit der Beziehungen und sehen nicht,
daß Schloß *und* K. jenseits einer Grenze sind und daß sie dort aufgesucht
werden müssen.

Günther Anders (›Franz Kafka — Pro und Contra‹, a. a. O. S. 354) führt die »Undeutlichkeit« und die »Undeutbarkeit« Kafkascher Vorgänge auf den Umstand zurück, daß Kafka nicht, wie es »normal ist«, »seinen Geschöpfen gegenüber die Allwissenheit und Providenz spielt«, »daß die meisten der Kafka-Wesen niemals wissen, woran sie sind . . . ja, daß Kafka selbst nicht übersieht, woran sie sind und kaum je mehr zu wissen scheint als seine eigenen Kreaturen«.

44 Roman Ingarden, ›Das literar. Kunstw.‹, a. a. O., S. 209 (Anm. 1).

45 Thomas Mann, ›Der Zauberberg‹, a. a. O., Bd. I, S. 309.

46 Thomas Mann, ›Der Zauberberg‹, a. a. O., Bd. I, S. 57. Ebenso Wieland, ›Agathon‹, a. a. O., Bd. IV, S. 63f. und »Vorrede« Dostojewskis zu den ›Brüdern Karamasow‹.

47 Günther Müller, ›Über das Zeitgerüst des Erzählens‹, in: Deutsche Vierteljahresschrift für Literaturwissenschaft und Geistesgeschichte, 24. Jhrg. 1950, erstes Heft, S. 30.

48 Siehe dazu im nächsten Kapitel »Parallelfiguren«.

49 Eine Zusammenfassung ohne Erzähler findet sich nur ein einziges Mal: ›Amerika‹, S. 149: »Nur dreimal während . . .« Die scheinbar zusammenfassenden Überlegungen Josef K.'s (›Prozeß‹, S. 123ff.) sind ursprüngliche Erzählungen durch K., die sich bis in Dialoge hinein verästeln und nicht mehr als Zusammenfassung wirken.

50 Das zeitlich fernende »damals« kommt bei Kafka in den Romanen überhaupt nur einmal vor; es ist bezeichnend, daß es sich in einem Kapitel findet, worin der Held nahezu zu einem Ich-Erzähler wird (siehe VII. Kap. ›Prozeß‹, S. 123ff. »damals« s. S. 137). In der ›Beschr. e. Kampfes‹, in der ja auch ein Ich-Erzähler auftritt, findet sich dieses fernende »damals« noch einmal: Bd. V, S. 18.

51 Th. Mann, ›Der Zauberberg‹, a. a. O., Bd. I, S. 9.

52 Käte Hamburger, ›Zum Strukturproblem der epischen und dramatischen Dichtung‹, in: DVJS, 25. Jhrg. 1951, 1. Heft, S. 4.

53 J. P. Sartre, ›Was ist Literatur‹, Hamburg o. J., S. 260, bestätigt dies ungewollt, wenn er sagt, daß man nicht die Zeitform des Verbs ändern müsse, wenn man den Leser wieder zum Zeitgenossen der Erzählung machen wolle, sondern die Technik des Erzählens.

54 Emil Staiger, ›Grundbegriffe der Poetik‹, Zürich 1946, S. 93.

55 Goethes ›Sämtliche Werke‹, Jubiläumsausgabe Bd. 36, Schriften zur Literatur, hrsgg. von Oskar Walzel, S. 149.

56 Käte Hamburger, ›Zum Strukturproblem der epischen und dramatischen Dichtung‹, a. a. O., S. 3, Anm. 1.

57 Emil Staiger, ›Grundbegriffe der Poetik‹, a. a. O., S. 83.

58 Emil Staiger, ›Grundbegriffe der Poetik‹, a. a. O., S. 83.

59 Dieses Vergegenwärtigen sieht z. B. auch Alfred Döblin (›Der Bau des epischen Werkes‹, in der Neuen Rundschau, Jhrg. 1929, S. 527 ff.) in jeder Art der Darstellung als eine Verpflichtung an; er macht dabei mit Recht keinen Unterschied zwischen den einzelnen Dichtungsgattungen. Zu die-

sem Punkt s. besonders S. 533 f.!

60 J. P. Sartre, ›Was ist Literatur‹, a. a. O., S. 194f.

III. Die Funktionalität der Figuren als ihre Charakteristik

1 Geschaffene Welt heißt hier, daß es sich nicht um eine abgebildete, die vorhandene Wirklichkeit adäquat repräsentierende Welt handelt. Eine erste Charakteristik der Geschaffenheit dieser Welt ergab sich, als wir den radikalen Mangel an natürlichem Zeitbezug feststellten.

2 Hier erfolgt noch nicht die »Negation« seiner Rechtsbegriffe, aber schon ihre Relativierung in der Unterscheidung von »Gerechtigkeit« und »Disziplin« (›Amerika‹, S. 39).

3 Siehe dazu ›Amerika‹, S. 28: »... er ballt seine Fäuste ... als wären diese das Wichtigste an ihm ...« Ähnlich auf SS. 27 und 29.

4 Siehe dazu ›Schloß‹, S. 44: »er hatte geglaubt, hier im Dorf habe jeder für ihn Bedeutung ...«

5 Die Uniformierung geht soweit, daß alle Angeklagten, sobald sie in diesen Stand eintreten, »schön« werden. Siehe dazu ›Prozeß‹, S. 195.

6 Siehe dazu ›Schloß‹, SS. 11; 27; 32; 33; 34; 37; 212.

7 Siehe dazu ›Schloß‹, SS, 97; 107; 161; ›Prozeß‹, S. 26 und ›Blumfeld‹, a. a. O., S. 166.

8 ›Blumfeld‹, Ges. Schriften, Bd. V, S. 168.

9 Ihren reinsten Ausdruck hat diese metaphysische Belästigung durch die Zuteilung eines Begleiterpaares im ersten Teil der Blumfeldgeschichte gefunden, in den beiden Kugeln, die sich unabwendbar in Blumfelds Rücken setzen; wie er auch die Praktikanten, dank der ungünstigen Raumordnung stets in seinem Rücken hat und sie nicht beobachten kann.

10 ›Schloß‹, S. 22; S. 23; S. 24; S. 84; S. 157; S. 168ff.

11 Dazu siehe ›Prozeß‹, SS. 41f.; 137f.; 140f.; 149f.; 214. Und: ›Prozeß‹, SS. 176; 209; 211; 261ff.

12 Hier bestätigt sich das, was wir über die Charaktere Delamarche und Robinson zu sagen hatten; das heißt, hier zeigt sich allmählich, welche Züge das ›Amerika‹-Stadium in der Entfaltung der Kafkaschen Kunst auszeichnen.

13 Max von Brück stellt in seinem ›Versuch über Kafka‹ (in: Die Gegenwart, 3. Jhrg., Nr. 7/8, S. 25ff.) fest, daß die Körper der Figuren Kafkas »nicht statisch, sondern dynamisch« seien, »von unbestimmt schimmernder, wechselnder Oberfläche«. Der Autor überlasse es dem Leser, sich »Habitus und Physiognomie« selbst vorzustellen. Wenn Brück dann noch hinzufügt, daß dies »Traumbilder« und in ihrer Detailhaftigkeit »Modelle des heutigen Menschen« seien, dann sieht man, wie brüchig die Deutung wird, wenn sie das Werk so schnell verläßt, es nicht mehr sieht und nur noch deutet.

14 Siehe dazu ›Schloß‹, S. 126 und S. 309; und ›Prozeß‹, S. 129: die »amtliche Scham«. Selbst der zu K. freundliche Gefängniskaplan muß zuerst »aus der

Entfernung« mit Josef K. sprechen (›Prozeß‹, S. 224).

15 Siehe dazu ›Schloß‹, S. 374 (gestr. Stelle): es gibt keinen Privatmann Klamm, es gibt nur den Beamten! Dazu auch ›Schloß‹, S. 74: K. scheint es, als hätten »Amt und Leben ... ihre Plätze gewechselt«. Die Richter im »Prozeß« lassen sich nur im Talar und alle in der gleichen Stellung malen (›Prozeß‹, SS. 117 u. 156).

16 Diese Empfindlichkeit drückt sich auf der Formstufe des ›Amerika‹-Romans so aus: »Die Uhr schlug ... halb sieben und mit ihr ... gleichzeitig alle Uhren im ganzen Hotel ...« dies als »Zucken einer einzigen großen Ungeduld« (›Amerika‹, S. 187).

17 Siehe dazu: ›Prozeß‹, S. 129 und ›Schloß‹, S. 249f.!

18 Schon in ›Amerika‹ heißt es vom Kapitän: »aber schließlich war er kein Instrument, das man in Grund und Boden spielen konnte«: (›Amerika‹, S. 26).

19 1. Ausg. a. a. O., Bd. VI, S. 328f.

20 Diese Briefstelle vermag noch einmal deutlich zu machen, wie sehr Franz Kafka die poetische Persönlichkeit auszubilden bestrebt ist, wie sehr sich sein autonomes Formvermögen zwischen ihn und die umgebende Wirklichkeit drängt.

21 Ähnlich auch ›Schloß‹, S. 49 und S. 383ff.

22 ›Prozeß‹, S. 90; ähnliche Gruppenbildung, siehe: ›Amerika‹, SS. 28; 66; ›Prozeß‹, SS. 25; 47ff.; 92; 141 und besonders S. 258; ›Schloß‹, SS. 13; 15; 33; 78; 385. Ebenso, ›Ges. Schriften‹, a. a. O., Bd. I, S. 128.

23 ›Beschr. e. Kampfes‹, a. a. O., Bd. V, S. 17.

24 ›Beschr. e. Kampfes‹, a. a. O., Bd. V, S. 48.
Bezeichnend für die Körperlichkeit dieser Figuren ist, daß sie sich sehr leicht »tragen« lassen: s. dazu ›Amerika‹, S. 242, ›Prozeß‹, SS. 68; 199. ›Schloß‹, SS. 290; 347; 371.

25 Z. B. »Ich mache Kopf und Hals beweglich, bringe Feuer in die Augen ...« (›Ges. Schriften‹, Bd. I, S. 34).

26 Siehe dazu: ›Schloß‹, SS. 24f.; 59; 141; 144; 272; 369; 338. ›Prozeß‹, SS. 154; 259; 273. ›Amerika‹, S. 61. ›Ges. Schriften‹, Bd. V, SS. 19; 37; 47; 50; 60; 62.

27 Wie sehr diese Verdinglichung der einzelnen Körperteile die Verdinglichung der Figuren überhaupt allmählich im Formvermögen Kafkas ausgebildet wird, wie sie aus dem Biographischen abgeleitet wird und dann wieder dahin übergreift, zeigt das Tagebuch: (Zit. nach der 1. Ausg. a. a. O., Bd. VI) s. Eintragungen: 15. 11. 1910; 15. 12. 1910; 21. 2. 1911: »wie fern sind mir z. B. die Armmuskeln«; 2. 9. 1911; 21. 10. 0. J. S. 75; 3. 11. 0. J., S. 88 (»Gewicht der Fäuste«) und Brod, Biographie, a. a. O., S. 96: »mein Kopf hat sich hinter meinem Rücken mit meiner Lunge verabredet«. Dazu auch S. 55!

28 ›Ges. Schriften‹, a. a. O., Bd. V, S. 21.

29 Ihren reinsten Ausdruck hat die Verdinglichung in den Bällen des Junggesellen Blumfeld und in der Fadenspule Odradek gefunden. Zu einem

dinghaften Instrument ist auch Titorelli geworden, der immer nur die gleiche Heidelandschaft und ein stereotypes Richterbild malt.

30 Figuren mit Bärten sind: ›Amerika‹, SS. 77; 102; 104; 168; 193; 255; 276. ›Prozeß‹, SS. 20; 52; 57; 65; 110; 116; 156; 178; 211; 225; 237. ›Schloß‹, SS. 17; 22; 23; 25; 50; 59. ›Ges. Schriften‹, a. a. O., Bd. I, SS. 53; 116; 136 u. a.!

IV. Die Ordnungen begegnen einander

1 Siehe dazu: ›Amerika‹, SS. 22; 29f; 168; 169. ›Prozeß‹, SS. 14; 17; 49; 50. ›Schloß‹, SS. 12; 14; 73.

2 Siehe dazu: ›Prozeß‹, SS. 25; 50—58. ›Schloß‹, SS. 80; 87; 110.

3 Karl in ›Amerika‹ ist in dem Augenblick souverän und selbstsicher, als es nicht um seine eigene Sache, sondern um die des Heizers geht (›Amerika‹, SS. 22; 26; 29f.).

4 In ›Amerika‹ war das für Karl noch ein gutes Zeichen (›Amerika‹, S. 169).

5 Dazu: »... ich schenke euch alle Verhöre« (›Prozeß‹, S. 58). Ebenso: »Ich habe eine Abneigung gegen jedes Verhör« (›Schloß‹, S. 140). Ähnlich: ›Schloß‹, S. 280.

6 Im gleichen Ton wirft K. im ›Schloß‹ dem Dorfsekretär Momus vor: »es wird hier viel geschrieben«. Momus gibt nach: »Ja, eine schlechte Angewohnheit« (›Schloß‹, S. 132f.).

7 Die gleiche Taktik wendet das Schloß dem alten Barnabas gegenüber an: da es diesem nicht gelingt, seine eigene Schuld nachzuweisen, kann keine amtliche Untersuchung eingeleitet werden, so daß er sich auf das Bitten verlegen muß (›Schloß‹, S. 249).

8 K. drückt das einmal, auf Barnabas bezogen, aus: er nennt diesen Widerstand einen »stummen Widerstand, gegen den man nicht ankämpfen konnte, denn er selbst war wehrlos« (›Schloß‹, S. 143).

9 Siehe dazu: ›Amerika‹, SS. 47ff.; 74.

10 Ebenso ›Prozeß‹, S. 146f.: der Fabrikant rät Josef K., Titorelli aufzusuchen, dessen Rat für K. von »großer Bedeutung« sein könne. Er fügt aber gleich hinzu: es könne natürlich auch sein, daß Titorelli K.'s Pläne störe! Damit ist der Rat praktisch aufgehoben. Wie sehr jede auftretende Figur dieses Prinzip praktiziert, macht ein Ausspruch Fräulein Montags deutlich: »Aussprachen werden weder bewilligt noch geschieht das Gegenteil« (›Prozeß‹, S. 89).

11 ›Amerika‹, SS. 206; 208; 210; 211; 213.

12 ›Prozeß‹, SS. 11; 12; 17; 18; 20; 23; 26.

13 ›Prozeß‹. SS. 20; 21; 22; 23; 25; 26.

14 Siehe dazu ›Prozeß‹, SS. 155; 158; 160f.; 167; 172; 173; 176.

15 Siehe dazu ›Schloß‹, SS. 77ff.; 97ff.; 146.

16 Siehe dazu ›Prozeß‹, SS. 47ff.; 124f.; 151ff.; 159; 166; 175; 177; 215; 219; 223 und ›Schloß‹, SS. 74ff.; 94ff.; 124; 129; 297ff.

17 Der Gemeindevorsteher bricht die Unterbrechung an einem für ihn heiklen Punkt einfach ab und wendet sich an seine Frau, mit der Bitte um Hilfe für sein krankes Bein (›Schloß‹, S. 92). Josef K. vermutet, daß die Schwäche des Advokaten vielleicht nur dazu dient, Besuche zu vertreiben (›Prozeß‹, S. 115)! Aus »Mitleid« erkennt Josef K. das »Verfahren« an (›Prozeß‹, S. 59)!

18 Max Bense, ›Literaturmetaphysik‹, Stuttgart, 1950, S. 66ff. spricht von einer »abgehackten existenziellen Dialektik ohne Synthese«.

19 Charles Neider, ›The Frozen Sea‹, a. a. O., S. 27, stellt fest: »Contradictory cases are elaborately developed concerning simple and seemingly obvious incidents«, darum »no absolute truth is ever achieved«. Das ist ein Mißverständnis: die »absolute Wahrheit« ist eben die Aufhebung; daß sich die Argumente dieser Diskussionen widersprechen, verhindert nicht die Klarheit der Tatsache, daß die Ordnungen sich aufheben; sie sind auf Widerspruch hin angelegt, denn nur so können sie sich aufheben.

20 In dem »Brief an den Vater« (Brod, Biographie, S. 171) schreibt Kafka, daß sich »›tun‹ und ›geschehen‹ nicht rein voneinander scheiden lassen . . .«. Dem entspricht der Satz in den »Meditationen«: (1. Ausg., Bd VI, S. 231) »Die Vertreibung aus dem Paradies war . . . keine *Tat*, sondern ein *Geschehen*.«

V. Rhythmus und Unendlichkeit

1 Ein ausführliches Beispiel dafür wird im nächsten Kapitel in einem Absatz über »Retardierung« noch erörtert werden; dabei werden auch die Konsequenzen gezogen, die diese Einschränkungen für den epischen Charakter der Werke Kafkas haben.

2 Diese einschränkenden Wendungen mit »freilich« finden sich, und das ist bedeutsam, fast nur im ›Schloß‹ und in den späteren Werken. Wir werden in diesem Kapitel noch sehen, wie die Formen der Aufhebung im ›Schloß‹ an Profil verlieren, wie sie im Gegensatz zum ›Prozeß‹ eingeebnet werden, in einen Dauerzustand übergehen; deswegen, so scheint es uns, spielt die Einschränkung, und zwar die mit »allerdings« usw. nicht so sehr, wie die gewissermaßen sanftere mit »freilich« eine so große Rolle! Siehe dazu: ›Schloß‹, SS. 72; 86; 132; 201; 207; 211; 214; 221; 234; 243; 244; 245 (2×); 258 (2×); 259; 260; 261; 262 (2×); 264; 300; 307; 309; 313.

3 Einschränkende Wendungen mit »allerdings«, »natürlich« (teils auch »zwar . . . aber«, »leider« und »trotzdem«): ›Prozeß‹, SS. 124 (5×) 126; 127 (3×); 128 (4×); 132 (2×); 136 (3×); 142 (2×); 157; 163; 164 (2×); 165 (3×); 167; 169; 172; 188; 189 (2×); 190. ›Schloß‹, SS. 73; 90; 203; 210 (2×); 217; 228; 241; 255; 256 (3×); 258; 265; 266; 271; 301; 306.

4 Siehe dazu ›Schloß‹, SS. 265; 231; 353.

5 Siehe dazu ›Schloß‹, S. 135: »der einzige Weg zu Klamm . . .« und S. 215: der niedrige Diener kann zum nächsthöheren führen, und wenn er nicht

führen kann, so kann er ihn doch wenigstens nennen, und wenn er ihn
nicht nennen kann, so . . .!

6 Wir sprachen oben (Kap. 1) davon, daß Kafka seine bürgerliche Persönlichkeit, um der poetischen willen einschränke. In Tagebuch und Briefen
hat Kafka diese Einschränkung gewissermaßen geübt. Zu den oben angeführten Beispielen seien hier noch einige angefügt: einmal bemerkt er
selbst, wie häufig er das Wort »allerdings« gebraucht. Es heißt da:
». . . Allerdings — zweites allerdings — meist sieht man durch ein — . . .
Allerdings — drittes allerdings — die Musik hört man . . .« (1. Ausg.,
a. a. O., Bd. VI, S. 159). Eine Briefstelle: zuerst wird das schöne Haus der
Berliner Hochschule für jüdische Wissenschaften gerühmt, »schöne Hör-
säle, große Bibliothek . . .«, dann heißt es: »Freilich bin ich kein ordent-
licher Hörer, bin nur in der Präparandie und dort nur bei einem Lehrer
und bei diesem nur wenig . . .« (1. Ausg., a. a. O., Bd. VI, S. 316f.) In
einem anderen Brief: »Nur ein Tausendstel werde ich darstellen können,
und davon nur ein Tausendstel wird mir . . . und davon nur ein Tausendstel werde ich . . .« (Zit. nach Brod, Biographie, a. a. O., S. 194.) Weitere
»Übungen« zu dieser Einschränkungspraxis: 1. Ausg., Bd. VI, SS. 214;
217; 226; 230.

7 Max Brod im Nachwort zur ersten Ausg., Amerika, S. 311.

8 K. scheint es wie eine vom Gericht gewollte »Folter«. Siehe dazu:
SS. 139f.; 149f.

9 Z. B. Ch. Neider, ›The Frozen Sea‹, a. a. O., S. 107: »The Trial has the
force of a well-knit play, being conceived dramatically rather than narra-
tionally.« Hans Detlef Lührsen, (›Franz Kafka‹, in: Europa-Archiv, 5. Jhrg.
22. Folge, S. 3527) spricht von einer »Berechtigung . . . den ›Prozeß‹ als
Theaterstück darzubieten«!

10 ›Der Prozeß‹, Schauspiel von A. Gide u. J. L. Barrault nach dem Roman
von Franz Kafka. Dt. Europa-Verlag, Zürich o. J.

11 Alfred Döblin, ›Der Bau des epischen Werkes‹, in der Neuen Rundschau,
Jhrg. 1929, S. 545.

12 Die psychoanalytische Deutung stellt dazu fest: »The two executioners
are apparently instrument of K.s will rather than of the courts . . .«
(Ch. Neider, ›The Frozen Sea‹, a. a. O., S. 38f.). Hier liegt die Gefahr
nahe, den Vorgang in seiner »Wirklichkeit« in Frage zu stellen und alles
als Einbildung K.s zu sehen.

13 A. Döblin, ›Der Bau des epischen Werkes‹, a. a. O., S. 545.

14 Siehe dazu die unvollendeten Kapitel, SS. 245; 249.

15 Max Brod, Nachwort zur ersten Ausgabe, ›Schloß‹, S.. 415.

16 ›Schloß‹, SS. 67; 138; 139; 216; 285; 355; 316.

17 Es kann nicht die Rede davon sein, daß ›Der Prozeß‹ ein »Problem fixiert«,
das das ›Schloß‹ »in gewisser Weise löst«, wie Camus meint. (›Der Mythos
von Sisyphos‹, deutsch Düsseldorf 1950, S. 167f.)

18 Camus, a. a. O., S. 166.

19 Camus, a. a. O., S. 167.

20 Camus, a. a. O., S. 44.
21 Nichts ist verfehlter, als Kafka aus diesem Grund einen Mangel an »professional discipline« vorzuwerfen, ihn einen »persistent amateur« zu nennen, wie es Charles Neider (›The Frozen Sea, a. a. O., S. 89) tut. Diese Werke sind schon nach den ersten Vorgängen keine Fragmente mehr; das soll in einem eigenen Kapitel über den Gattungscharakter dargetan werden.

VI. Roman oder Epos

1 Von Milton über Klopstock bis zu Spitteler, Pannwitz und Däubler.
2 G. W. F. Hegel, ›Vorlesungen über die Aesthetik‹, 3. Bd. S. 340ff., in der Jubiläumsausgabe, 14. Bd., hrsgg. von Hermann Glockner, Stuttgart 1939.
3 Hegel, ›Aesthetik‹, a. a. O., S. 332.
4 Hegel, ›Aesthetik‹, a. a. O., S. 395.
5 Jakob Burckhardt, ›Weltgeschichtliche Betrachtungen‹, hrsgg. von Wilhelm Hansen, Detmold 1947, S. 74.
6 Georg Lukács, ›Die Theorie des Romans‹, ein geschichtsphilosophischer Versuch über die Formen der großen Epik, Berlin 1920.
7 Lukács, ›Theorie des Romans‹, a. a. O., S. 24.
8 A.. Döblin, ›Der Bau des epischen Werkes‹, a. a. O., S. 536.
9 Hegel, ›Aesthetik‹, a. a. O., S. 331.
10 Max Bense, ›Versuch über Prosa und Poesie‹, Einleitung zu Gottfried Benn, Frühe Prosa und Reden, Wiesbaden 1950, S. 23f.
11 Max Bense, ›Versuch über Prosa und Poesie‹, a. a. O., S. 23.
12 Max Bense, ›Versuch über Prosa und Poesie‹, a. a. O., S. 23.
13 E. Staiger, ›Grundbegriffe der Poetik‹, a. a. O., S. 245.
14 Ortega y Gasset, ›Der Gesichtspunkt und seine Rolle in der Kunst‹, a. a. O., S. 509ff.
15 Martin Heidegger, ›Kant und das Problem der Metaphysik‹, Frankfurt a. M. 1951 (2. Aufl.), S. 208ff.
16 Erich Auerbach, ›Mimesis‹, Dargestellte Wirklichkeit in der abendländischen Literatur, Bern 1946, S. 489f.
17 Martin Heidegger, ›Sein und Zeit‹, Tübingen 1949 (6. Aufl.), § 9, S. 41ff.
18 Max Bense, ›Versuch über Prosa und Poesie‹, a. a. O., S. 24.
19 Hegel, ›Aesthetik‹, a. a. O., S. 366.
20 Aristoteles, ›Poetik‹, a. a. O., S. 350.
21 Aristoteles, ›Poetik‹, a. a. O., S. 365.
22 Hegel, ›Aesthetik‹, a. a. O., S. 251.
23 Hegel, ›Aesthetik‹, a. a. O., S. 252f.
24 Lukács, ›Theorie des Romans‹, a. a. O., S. 69.
25 Lukács, ›Theorie des Romans‹, a. a. O., S. 69.
26 Charles Neider, ›The Frozen Sea‹, a. a. O., S. 104f.
27 Charles Neider, ›The Frozen Sea‹, a. a. O., S. 106. Neider will nur ändern,

weil dann »several effects are created« und um der »psychological progression« willen.

28 E. Staiger, ›Grundbegriffe der Poetik‹, a. a. O., S. 127.

29 E. Auerbach, ›Mimesis‹, a. a. O., S. 9.

30 E. Staiger, ›Grundbegriffe der Poetik‹, a. a. O., S. 105.

31 E. Auerbach, ›Mimesis‹, a. a. O., S. 10.

32 W. F. Otto, ›Die Götter Griechenlands‹, Frankfurt a. M. 1947, S. 160, 3. Aufl.

33 W. F. Otto, ›Die Götter Griechenlands‹, a. a. O., S. 158.

34 In einer seiner Betrachtungen sagt Kafka: »Es gibt ein Ziel, aber keinen Weg, was wir Weg nennen, ist Zögern« (Bd. VI, 1. Ausg., a. a. O., S. 201).

35 Diesen Ausdruck gebrauchte Friedrich Beißner, Tübingen, in seiner Vorlesung ›Poetik‹ Sommersemester 1949.

36 Mit 1, 2, 3 … bezeichnen wir die Positionen; mit 1A, 2A … die Negationen; mit a, b, c, d … die addierenden Erweiterungen bzw. Einschränkungen der jeweiligen Behauptung oder Aufhebung.

37 E. Staiger, ›Grundbegriffe der Poetik‹, a. a. O., S. 127. Herder habe, so berichtet Staiger, bei allen Epen Langeweile empfunden.

38 ›Beim Bau der Chinesischen Mauer‹, Ges. Schriften, a. a. O., Bd. V, S. 69.

39 Weitere Belege: ›Prozeß‹, SS. 129; 130; 158; 189; 226. ›Schloß‹, SS. 85; 214; vgl. auch ›Prozeß‹, S. 225 und ›Schloß‹, S. 247; ebenso: ›Schloß‹, SS. 307; 313.

40 E. Staiger, ›Grundbegriffe der Poetik‹, a. a. O., S. 96.

41 s. dazu ›Ges. Schriften‹, a. a. O., Bd. I, SS. 134f.; 140; 153.

42 s. dazu ›Amerika‹, SS. 64; 148; ›Prozeß‹, SS. 57; 71; ›Schloß‹, SS. 21; 44; 256; 259; 356.

43 Auch in der ›Odyssee‹ erhält der Raum zwischen Troja und Ithaka keinen eigentlich geographischen Wert; Robert Petsch (›Wesen und Formen der Erzählkunst‹, Halle 1942, 2. Aufl., S. 183f.) nennt das einen »absoluten Raum«.

44 Günther Müller (›Über das Zeitgerüst des Erzählens‹, a. a. O., S. 29ff.) scheint dies bei seinen Erörterungen über Erzählzeit und erzählte Zeit Kafkas nicht bemerkt zu haben, sonst wären nicht 6 Tage herausgekommen.

45 Thomas Mann, ›Der Zauberberg‹, a. a. O., I, 145.

46 Weitere Belege für die Verwendung der »Zeit« als Ausdruckselement, ohne Reste ihrer Natürlichkeit: ›Amerika‹, S. 187; ›Prozeß‹, SS. 101ff. (Nachmittag-Abend) 123 (vgl. mit 42); 134; 135; 138; 144. ›Schloß‹, SS. 29; 98; 101 (vgl. mit 315); vgl. ›Prozeß‹, S. 11f.; 85 mit ›Schloß‹, S. 29. Dann auch ›Schloß‹, S. 258 mit ›Prozeß‹, S. 225. Ein Muster: »Alltägliche Verwirrung«, Ges. Schriften, a. a. O., Bd. V, S. 122ff.

47 1. Ausg., a. a. O., Bd. VI, S. 199.

48 Friedrich Schmidt, ›Die Erneuerung des Epos‹, in: Beiträge zur Aesthetik, Bd. 17, 1928.

49 In den Tagebüchern Kafkas finden sich immer wieder Bemerkungen über

Flaubert, die beweisen, daß er sich gerade Flauberts Auffassung vom absoluten Kunstwerk sehr verwandt erkennt. In diesem Zusammenhang ist es aufschlußreich, daß E. R. Curtius in seinen »Bemerkungen zum französischen Roman« (›Kritische Essays zur Europäischen Literatur‹, a. a. O., S. 38) feststellt, daß Flaubert »dank seiner Formgebung« für seine Werke den Anspruch auf »absolute Kunstwerke« erhob, ja daß er mit der »Würde des *Epos* und der Tragödie wetteifern« wollte!

LITERATURVERZEICHNIS

I. Ausgaben der Werke Franz Kafkas, die in dieser Arbeit benützt wurden:

Franz Kafka: Tagebücher und Briefe, Gesammelte Schriften, hrsg. von Max Brod, Prag 1937, Bd. VI.

Franz Kafka, Gesammelte Schriften, hrsg. von Max Brod, New York 1946; aus dieser Ausgabe wurden benützt:

Bd. I: ›Erzählung und kleine Prosa‹.

Bd. II: ›Amerika‹.

Bd. III: ›Der Prozeß‹.

Bd. IV: ›Das Schloß‹.

Bd. V: ›Beschreibung eines Kampfes‹ (Novellen, Skizzen, Aphorismen aus dem Nachlaß).

II. Literatur zu Franz Kafka[1]:

AHRENDT, HANNAH: Franz Kafka, Die Wandlung, Jhrg. 1945/46, H. 12, S. 1050ff.

ANDERS, GÜNTHER: Franz Kafka pro und contra, Die Stockholmer Neue Rundschau, Auswahl Berlin 1948, S. 330f.

BASIL, OTTO: Umriß von Franz Kafka, Wort und Tat, Jhrg. 1946, H. 2, S. 99ff.

BROD, MAX: Franz Kafka, Eine Biographie (Erinnerungen und Dokumente), 2. Auflage New York 1946.

— Franz Kafkas Glauben und Lehre, München o. J.

— Franz Kafka in seinen Briefen, Merkur, Jhrg. IV, H. 9, S. 942 ff.

— Ein Brief an den Vater, Der Monat, Jhrg. 1, 1949, H. 8/9, S. 98ff.

— Keine Flickarbeit, Eine Erinnerung an Franz Kafka, Berliner Hefte, Jhrg. 1949, H. 11, S. 437ff.

— Kierkegaard-Heidegger-Kafka, Prisma, Jhrg. 1, 1947, H. 11, S. 17ff.

— Über Franz Kafka, Athena, Jhrg. 2, H. 9, S. 96ff.

— Zur Textgestaltung der »Hochzeitsvorbereitungen auf dem Lande«, Die Neue Rundschau, Jhrg. 62, 1951, S. 18ff.

VON BRUECK, MAX: Versuch über Kafka, Gegenwart, Jhrg. 3, 1948, H. 7/8, S. 25ff.

BURNHAM, JAMES: Bemerkungen über Kafka, Amerikanische Rundschau, Jhrg. 3, 1947, H. 15, S. 44ff.

CAMUS, ALBERT: Die Hoffnung und das Absurde im Werke von Franz Kafka,

---

[1] Wir vereinigen hier die Literatur zu Franz Kafka, die uns bekannt geworden ist, aus der wir die in dieser Arbeit mehrfach zum Ausdruck gebrachte Meinung über die Kommentatoren Kafkas gewonnen haben.

in: Der Mythos von Sisyphos, Düsseldorf 1950.

FRIEDRICH, HEINZ: Heinrich von Kleist und Franz Kafka, Berliner Hefte, Jhrg. 1949, H. 11, S. 440ff.

FRIEDRICH, OTTO CHRISTOPHER: Der doppeldeutige Kafka, Prisma, Jhrg. 1948, H. 22, S. 8f.

GRUENTER, RAINER: Ein Beitrag zur Kafka-Deutung, Merkur, IV. Jhrg. 1950, H. 3, S. 278ff.

HARDT, LUDWIG: Erinnerungen an Franz Kafka, Die Fähre, Jhrg. 2, 1947, H. 2, S. 75ff.

HERING, GERHARD: Franz Kafkas Tagebücher, Merkur, Jhrg. 2, 1948, H. 7, S. 96ff.

HODIN, GUSTAV: Erinnerungen an Franz Kafka, Der Monat, Jhrg. 1, H. 8/9, S. 89ff.

JANOUCH, GUSTAV: Erinnerungen an Franz Kafka, Die Neue Rundschau, Jhrg. 62, 1951, H. 1, S. 49ff.

KRAFT, WERNER: Kafka und das Religiöse, Die Fähre, Jhrg. 1, 1946, H. 1, S. 13ff.

— Franz Kafkas Erzählung »Das Ehepaar«, Die Wandlung, Jhrg. 4, 1949, H. 2, S. 155ff.

LÜHRSEN, HANS DETLEF: Franz Kafka, Europaarchiv, Jhrg. 5, Folge 22, S. 3527ff. (Lührsen bringt eine Bibliographie der Ausgaben Kafkas in den verschiedensten Sprachen).

MANN, THOMAS: Dem Dichter zu Ehren, Franz Kafka und Das Schloß, Der Monat, Jhrg. 1, 1949, H. 8/9, S. 66ff.

NEIDER, CHARLES: The Frozen Sea, A Study of Franz Kafka, Oxford University Press, New York 1948.

OLIAS, HEINZ GUENTHER: Franz Kafka, Welt und Wort, 1949, H. 2, S. 52ff.

PARIGI, INGE: Dino Buzzati und sein Verhältnis zu Franz Kafka, Prisma, Jhrg. 1948, H. 17, S. 26ff.

POLITZER, HEINZ: Der Dichter Franz Kafka, Die Fähre, Jhrg. 1, H. 1, S. 11f.

— Problematik und Probleme der Kafka-Forschung, Monatshefte, Madison, Bd. 42, Nr. 6 (Oktober 1950) S. 273ff.

POWOLNY, HANS: Hinweis auf Franz Kafka, Lücke, Jhrg. 1948, H. 5/6, S. 31f.

SCHNELLER, CHRISTIAN: Bekenntnis zu Franz Kafka, Deutsche Beiträge, Jhrg. 1950, H. 3, S. 193ff.

SCHOEPS, HANS JOACHIM: Franz Kafka oder der Glauben in der tragischen Position, in Gestalten an der Zeitwende, Berlin 1936, S. 54ff.

— Theologische Motive in der Dichtung Franz Kafkas, Die Neue Rundschau, Jhrg. 62, 1951, H. 1, S. 21ff.

SCHÜDDEKOPF, JÜRGEN: Rätsel der Faszination. Zu Franz Kafkas Erzählung »Die Verwandlung«, Athena, Jhrg. 2, H. 7, S. 40ff.

STEINHOFF, PETER A.: Franz Kafka, Aufbau, Jhrg. 3, 1947, H. 6, S. 481ff.

STUMPF, WALTER: Franz Kafka, Der Mensch und sein verlorenes Einst, Literarische Revue, Jhrg. 3, 1948, H. 5, S. 281f.

— Franz Kafka, Persönlichkeit und geistige Gestalt, Die Fähre, Jhrg. 2.

1947, H. 7, S. 387ff.

TAUBER, HARALD: Die Aktualität Franz Kafkas, Neue Auslese, Jhrg. 2, 1947, H. 6, S. 115ff.

TAUBER, HERBERT: Franz Kafka, Eine Deutung seiner Werke, (Diss.) gedr. Zürich 1941 (Bei Tauber findet sich eine Zusammenstellung der Kafka-literatur aus den Jahren vor 1941; wir führen diese deshalb im allgemeinen nicht an, auch wenn sie uns bekannt geworden ist.)

VOLKMANN-SCHLUCK, K. H.: Bewußtsein und Dasein in Kafkas »Prozeß«, Die Neue Rundschau, Jhrg. 62, 1951, H. 1, S. 38ff.

III. Allgemeine Literatur

ARISTOTELES: Poetik, Hauptwerke, hrsg. u. übers. von Wilhelm Nestle, 3. Aufl., Stuttgart 1941.

AUERBACH, ERICH: Mimesis, Dargestellte Wirklichkeit in der abendländischen Literatur, Bern 1946.

BEISSNER, FRIEDRICH: Unvorgreifliche Gedanken über den Sprachrhythmus, in der Festschrift für P. Kluckhohn und H. Schneider, Tübingen 1948, S. 427ff.

BENSE, MAX: Literaturmetaphysik, Stuttgart 1950.

— Versuch über Prosa und Poesie, Einleitung zu Gottfried Benn »Frühe Prosa und Reden«, Wiesbaden 1950.

BINSWANGER, LUDWIG: Henrik Ibsen und das Problem der Selbstrealisation in der Kunst, Heidelberg 1949.

BURCKHARDT, JAKOB: Weltgeschichtliche Betrachtungen, hrsg. von Wilhelm Hansen, Detmold 1947.

CURTIUS, ERNST, ROBERT: Kritische Essays zur europäischen Literatur, Bern 1950.

DÖBLIN, ALFRED: Der Bau des epischen Werkes, in: Die Neue Rundschau, Jhrg. 1929, S. 527ff.

FRIEDEMANN, KÄTE: Die Rolle des Erzählers in der Epik, Leipzig 1910.

GOETHE: Sämtliche Werke, Jubiläumsausgabe, Bd. 36, Schriften zur Literatur, hrsg. von Oskar Walzel.

HAMBURGER, KÄTE: Zum Strukturproblem der epischen und dramatischen Dichtung, DVJ. 25. Jhrg. 1951, S. 1ff.

HEGEL, G. W. F.: Vorlesungen über die Aesthetik, 3. Bd. in Jubiläumsausgabe hrsg. von Hermann Glockner, Stuttgart, 1939, 14. Bd.

HEIDEGGER, MARTIN: Kant und das Problem der Metaphysik, 2. Aufl. Frankfurt a. M. 1951.

— Der Ursprung des Kunstwerkes, in: Holzwege, Frankfurt a. M. 1950.

— Sein und Zeit, 6. Aufl. Tübingen 1949.

INGARDEN, ROMAN: Das Literarische Kunstwerk, Halle 1931.

IWANOW, WJATSCHESLAW: Über innere und äußere Form, Merkur, Jhrg. 1948, H. 3, S. 372ff.

KAYSER, WOLFGANG: Das sprachliche Kunstwerk, Bern 1949.

LUKÁCS, GEORG: Die Theorie des Romans, Ein geschichtsphilosophischer Versuch über die Formen der großen Epik, Berlin 1920.

MÜLLER, GÜNTHER: Die Bedeutung der Zeit in der Erzählkunst, Bonn 1947.

— Über das Zeitgerüst des Erzählens, DVJ. 24. Jhrg., 1950, S. 1ff.

ORTEGA Y GASSET, JOSE: Der Gesichtspunkt und seine Rolle in der Kunst, Merkur, Jhrg. 1947, S. 509ff.

OTTO, WALTER F.: Die Götter Griechenlands, 3. Aufl., Frankfurt a. M. 1947.

PETSCH, ROBERT: Wesen und Formen der Erzählkunst, 2. Aufl., Halle 1942.

SARTRE, JEAN PAUL: Was ist Literatur?, Hamburg o. J.

SCHMIDT, FRIEDRICH: Die Erneuerung des Epos, in: Beiträge zur Aesthetik, Bd. 17, 1928.

STAIGER, EMIL: Grundbegriffe der Poetik, Zürich 1946.

IV. Zum Vergleich herangezogene epische Dichtungen:

CERVANTES: Don Quixote, Ausgewählte Werke, hrsg. von Max Krell, München 1923.

DOSTOJEWSKI, F. M.: Die Brüder Karamasow, Ausgewählte Werke, hrsg. von Valeria Lesowsky, Wien, Hamburg, Zürich o. J.

HOMER: Ilias und Odyssee, übers. von Th. von Scheffer, in: Klassiker des Altertums, hrsg. von Hanns Floerke, Berlin 1922, Bd. 9 und 10.

KASACK, HERMANN: Die Stadt hinter dem Strom, Berlin 1947.

MANN, THOMAS: Der Zauberberg, (Bd. 2), Gesammelte Werke, Berlin 1925.

NOVALIS: Schriften, hrsg. von Paul Kluckhohn, Leipzig o. J.

RILKE, RAINER MARIA: Die Aufzeichnungen des Laurids Brigge, Leipzig 1919.

STERNE, LAURENCE: Tristram Shandy, Neudruck der Hamburger Ausgabe von 1776, München 1920.

STIFTER, ADALBERT: Nachsommer, Sämtliche Werke in 24 Bänden, hrsg. von Kamill Eben und Franz Hüller, Prag 1921, Bd. VI, VII, VIII.

WIELAND, CHRISTOPH MARTIN: Agathon, Sämtliche Werke, bei Göschen, Leipzig, 1856, Bd. IV, V, VI.

REGISTER[1]

---

[1] *Kursive Seitenzahlen* verweisen auf die Anmerkungen, Seitenzahlen in (Klammern)
verweisen auf das Literaturverzeichnis.

Bitte beachten Sie
die folgenden Seiten:

Theodor W. Adorno

Philosophie der neuen Musik

Ullstein Buch 2866

Adornos Werk ist seit seinem ersten Erscheinen (1948) bis in unsere Tage der Schlüssel zur gesellschaftlichen und philosophischen Deutung der jüngsten Musik. »Durch dieses Buch bekommt man einen Begriff von der komplexen Leistung moderner Philosophie. Meinem Einblick nach vollzieht sich hier die großartigste Auseinandersetzung mit dem Problem der zeitgenössischen Musik seit Nietzsches Anti-Wagner.«
Max Bense

 ein Ullstein Buch

Rolf Endres

Einführung in die mittelhochdeutsche Literatur

Ullstein Buch 2811

Dem Germanistikstudenten steht nur begrenzte Zeit für die Beschäftigung mit der deutschen Literatur des Mittelalters zur Verfügung. In diesem Taschenbuch bezeichnet Rolf Endres Schwerpunkte der akademischen Veröffentlichungen und erleichtert den Oberschülern und Studenten die Einführung in die mittelhochdeutsche Literatur. Aus dem Inhalt: Probleme des Studiums · Blick auf die Geschichte · Dokumentation (u. a. mit Texten vom »Nibelungenlied« und »Tristan«) · Glossar · Bibliographie.

ein Ullstein Buch

> *„Unter den zahlreichen Verlagen, die sich die Pflege klassischer Literatur zur Aufgabe gemacht haben, nimmt der Carl Hanser Verlag eine Sonderstellung ein."*

Süddeutscher Rundfunk

Hanser Klassiker der deutschen Literatur

Achim von Arnim
Clemens Brentano
Annette von Droste-Hülshoff
Joseph von Eichendorff
Theodor Fontane
Franz Grillparzer
Friedrich Hebbel
Heinrich Heine
Friedrich Hölderlin
Jean Paul
Gottfried Keller
Heinrich von Kleist
Friedrich Gottlieb Klopstock
Gotthold Ephraim Lessing
Georg Christoph Lichtenberg
Meister Eckehart
Eduard Mörike
Friedrich Nietzsche
Friedrich Schiller
Friedrich Schlegel
Christoph Martin Wieland

Sammelbände und Anthologien

Deutsche Balladen
Deutsche Dichtung des Barock
Deutsche Dichtung
    im 18. Jahrhundert
Schwankerzählungen des
    deutschen Mittelalters
Lyrik des Abendlands
Lyrik des Ostens

Hanser Klassiker Volksausgaben

Achim von Arnim
Daniel Defoe
Jean Paul
Heinrich von Kleist
Friedrich Schiller
Mark Twain
Oscar Wilde

Hanser Klassiker der Weltliteratur

Aus dem alten Rußland
Henry Fielding
Pierre Carlet de Marivaux
François Rabelais
Spanische Schelmenromane
Mark Twain

Das ausführliche Klassiker-Gesamtverzeichnis erhalten Sie auf Wunsch direkt vom Carl Hanser Verlag, München 86